保育者論
保育職の魅力発見！

渡辺　桜［編］

みらい

■執筆者一覧（＊は編者）

＊渡辺　桜（わたなべ さくら）	名古屋学芸大学	……………………………………	序章、第8章
青山　佳代（あおやま かよ）	名古屋柳城女子大学	……………………………………	第1章、第2章
矢藤誠慈郎（やとう せいじろう）	和洋女子大学	……………………………………	第3章
吉田　龍宏（よしだ たつひろ）	名古屋学院大学	……………………………………	第4章
勝浦　眞仁（かつうら まひと）	桜花学園大学	……………………………………	第5章
片山　知子（かたやま ともこ）	和泉保育園	…………	第6章（第1節、第2節1・2・4、第3節1・2・3、第4節）
畑　千鶴乃（はた ちづの）	鳥取大学	………………	第6章（第2節3・5・6、第3節4）
永井久美子（ながい くみこ）	神戸女子短期大学	……………………………………	第7章
市野　繁子（いちの しげこ）	駒沢女子短期大学	……………………………………	第9章

■イラスト

照喜名隆充

はじめに

「保育って奥深いなぁ」「子どもっておもしろい！」
　私が保育者として勤務していた頃、この思いを抱いたことがきっかけとなり、現在の保育者養成と研究者の道に進みました。
　保育者としての私は、ダイナミックな外遊びは大好きだけれど、ピアノは苦手。担任した子どもから「桜先生って男らしい」と目を輝かせながら言われたこともありました。失敗もたくさんしましたが、あたたかい職場の先生方や保護者、何よりかわいくておもしろい子ども達に支えられ、「あ〜楽しいなぁ」と思うことの方が多かったように思います。
　オールマイティな保育者はいません。苦手なことに対して、努力は必要ですが、自分のカラーも大切です。本書のワーク等を通して、自分のこだわりや保育観、カラーについても発見できると、そのことを強みとして保育や子どもと向き合っていくことにもつながります。いろいろな個性を持った子ども、保護者がいるように、いろいろな個性を持った保育者がいることで、子どもは様々な価値と出逢えます。もちろん保育者という専門職として必要な資質はあります。本書により、具体的に保育現場をイメージしながら、クラスの仲間とその理論と実践について理解を深めていただけたら幸いです。

　「保育職の魅力」と「あなたの保育者としてのカラー」の発見！　を目指して

2018年2月

執筆者を代表して
渡辺　桜

もくじ

はじめに

序　章　子どもも保育者も楽しくなる保育をめざして

第1章　保育職の魅力・保育現場が求める保育者像

第1節　保育職の魅力とは ……………………………………… 14
　1　小さな頃からの夢の実現　／14
　2　保育者としてのやりがいとは　／15
第2節　保育現場が求める保育者像 …………………………… 16
　1　「気働き」ができる保育者をめざして　／16
　2　社会人として必要な基本的事項を確認しよう　／18
　3　息の長い保育者でいるために　／20

第2章　保育者の資格と制度

第1節　保育者を取り巻く法律・制度の理解 ………………… 26
第2節　保育士の法的根拠 ……………………………………… 26
　1　保育士を規定する法令　／26
　2　保育士資格の特色　／27
　3　保育所以外で活躍する保育士　／29
第3節　幼稚園教諭の法的根拠 ………………………………… 30
　　幼稚園教諭を規定する法令　／30
第4節　認定こども園における保育者 ………………………… 31
　■学びを深めるために　1　／33

第3章　保育者の専門性

第1節　保育職の特色 …………………………………………… 36
　1　省察的実践者としての保育者　／36
　2　保育者の基本的資質　／38
第2節　保育の質の向上 ………………………………………… 39
　1　PDCAサイクルによる保育の質の向上　／39

2　保育者の学習の基盤　／41
　　　3　保育の質の組織的な向上　／42
　第3節　保育の専門性と倫理性―全国保育士会倫理綱領から―　……43
　　　1　倫理綱領の基本的な考え方　／43
　　　2　倫理綱領の内容　／46
　■学びを深めるために　2　／50

第4章　保育実践における保育者の役割

　第1節　保育実践の特色と保育者の役割　………………………54
　　　1　公的保育施設における保育実践の特色　／54
　　　2　集団保育で求められる保育者の役割　／55
　第2節　保育実践における具体的な保育者の役割　……………59
　　　1　環境構成・保育者の援助・子ども理解の具体的手がかり　／59
　　　2　遊び場面における保育者の役割　／65
　　　3　手遊びの場面における保育者の役割　／67
　　　4　当番活動における保育者の役割　／68
　■学びを深めるために　3　／72

第5章　特別の配慮を必要とする子どもたちと保育者の役割

　第1節　特別の配慮を必要とする子どもとは　…………………74
　　　1　障害のある子どもたちの理解と保育者の役割　／74
　　　2　気になる子どもの理解と保育者の役割　／79
　　　3　家庭環境に配慮の必要な子どもたちの理解と保育者の役割　／81
　第2節　多様な子どもたちとむかいあう保育者の役割　…………85
　　　1　インクルージョンの観点から　／85
　　　2　配慮児の困り感に寄り添うこと　／87
　■学びを深めるために　4　／89

第6章　園の管理・運営にかかわる保育者の役割

　第1節　管理・運営とは　………………………………………92
　第2節　園組織の管理・運営　…………………………………92
　　　1　人事・労務管理とは　／92
　　　2　幼稚園における教職員の設置規定　／92
　　　3　保育所における職員の設置規定　／93
　　　4　園務分掌　／95
　　　5　職員会議　／96
　　　6　勤務に関するきまり　／96

第 3 節　安全・衛生管理 ……………………………………………… 98
　　　1　物的環境の管理・運営とは　／98
　　　2　施設・設備の基準　／98
　　　3　幼稚園における安全・衛生管理　／99
　　　4　保育所における安全・衛生管理　／102
第 4 節　事務的管理 ……………………………………………………… 103
　■学びを深めるために　5　／105

第 7 章　保育者の多様な役割

第 1 節　多様化する保育者の役割 ……………………………………… 108
　　　1　子育て環境の変化と子育て支援策　／108
　　　2　保育者に求められている役割とは　／108
第 2 節　保育者が担う役割の広がりと深まり ………………………… 110
　　　1　子どもの育ちを支援する保育者　／110
　　　2　保護者の子育てを支援する保育者　／113
　　　3　地域の子育てを支援する保育者　／115
　　　4　地域における子育て支援の内容　／116
第 3 節　保護者や地域との連携のために ……………………………… 120
　　　1　保護者との協働　／120
　　　2　専門職間及び専門機関との連携　／122
　　　3　地域型保育事業を担う人たちとの連携　／126
　■学びを深めるために　6　／128

第 8 章　保育者の成長

第 1 節　保育者の資質向上とは ………………………………………… 130
　　　1　保育者に求められる資質　／130
　　　2　保育者のキャリア　／135
第 2 節　保育者の研修 …………………………………………………… 140
　　　1　研修の方法　／140
　　　2　園内研修（OJT）　／142
　　　3　外部研修（Off-JT）　／144
　　　4　園内研修と外部研修とのつながり　／147
　■学びを深めるために　7　／148

第 9 章　これからの保育者の課題

第 1 節　専門職としての保育者 ………………………………………… 150
第 2 節　保育・幼児教育と小学校教育との連携 ……………………… 151

　　　　1　社会の変化と子どもの育ち　／151
　　　　2　法令の改正と教育の連携　／152
　　　　3　教育の接続のあり方と連携への取り組み　／154
　第3節　多文化時代の保育 …………………………………156
　　　　1　子どもの多国籍化、多文化化　／156
　　　　2　保育所保育指針と多文化共生の保育　／157
　　　　3　「多文化共生」の実現と保育者の役割　／159
　第4節　子どものいるところどこへでも …………………159
　　　　1　放課後児童クラブにおける保育者の役割　／160
　　　　2　病児保育事業における保育者の役割　／162
　　■学びを深めるために　8　／166

　さくいん　／167

本書を活用される教員の皆さまへ

　本書では、アクティブラーニングを取り入れた授業にもご活用いただけるように、各章末に授業の振り返りを兼ねたワークを収載しております（■学びを深めるために）。自由に幅広く取り組んでいただけるよう、所用時間・形式を決めず、さまざまなワークを用意しております。各養成校で自由にアレンジしてご活用ください。

　なお、教員の皆さまの一助となるよう、ワークの「指導者用手引き」もございます。こちらはPDF形式で弊社ホームページの「書籍サポート」からダウンロードいただけます（無料）。「指導者用解説書等ダウンロード申し込みフォーム」からお申し込みください。

　みらいホームページ：http://www.mirai-inc.jp/　→　「書籍サポート」

【お問い合わせ】
　㈱みらい　企画編集部内「保育者論 ―保育職の魅力発見！―」係
　〒500-8137　岐阜市東興町40番地　第5澤田ビル
　TEL：058-247-1227　　FAX：058-247-1218　　E-mail：info@mirai-inc.jp

序章

子どもも保育者も楽しくなる保育をめざして

　現在、授業や実習等でさまざまな視点から保育について学ぶことによって、改めて保育者になることに対するいろいろな思いが生じているのではないでしょうか。

　本章では、プロの保育者として子どもと関わりつつも"楽しい"を大切にしていくこと＝子どもも保育者も楽しくなる保育について一緒に考えていきたいと思います。

2011（平成23）年改定の厚生労働省による職業分類は11の職業に大分類されています。その中で保育者は、「専門的・技術的職業」に分類されています。保育者は、専門職としての責任と役割があるからこそ、保育士資格・幼稚園教諭免許というハードルが課せられていると言えます。そのハードルは、子どもの命という重みであると同時に、資格・免許を保有しているというアドバンテージでもあります。資格・免許を持っているということは、その職に就かなくても、また、さまざまな理由により離職したとしても、生涯に渡って、自身の生活や生き方の選択肢を広げる大きな可能性になります。したがって、現時点で保育職に就くことを迷っている方がいるとしても、保育者としての学びや資格・免許は、将来必ず自身を何らかの形で助けてくれることがありますよ。

　ここで、下記のイラストを参照しながら、保育者になりたいと思った時期、きっかけについて話し合ってみましょう。その中で、迷いや不安がある場合も、可能であればどのあたりが不安か出してみましょう。

＜保育者になりたい！＞

子どもが大好き！

保育所時代の優しい先生にあこがれて

＜子どもは好きだけど…迷うかも…＞

保護者とうまくコミュニケーションが取れるかな…

集団をまとめられるかな…

それでは、保育職の需要はどれくらいあるのでしょうか？
　厚生労働省「保育士確保プラン」(2015年)によれば、国全体で必要となる保育士の数は2017(平成29)年度末時点において46.3万人であり、現在の保育所勤務保育士数や自然増加数などを差し引くと、新たに6.9万人の保育士が必要になると推計されています。保育者を志望する学生は年々増加傾向であるのに、なぜ保育士不足なのでしょう。指定保育士養成施設卒業者のうち、約半数が保育所に就職、約３割が保育所以外の児童福祉施設に就職しています。保育士資格を有するのに、保育所に勤務しない理由としては、「責任の重さ・事故への不安」が４割を占めています。乳幼児期の未成熟な子ども達の命を預かる専門職としての責任の重さを授業で学んだり、実習で体感したりすることで、「こんなに責任ある仕事を自分ができるだろうか」と考える学生も少なくありません。確かに保育者という仕事は、「子どもが好き」だけではできません。だからこそ、よりよい実践をしようと思ったときや迷ったときの支えになる保育の原理・原則や制度を学ぶのです。
　もちろん「わかる」から「できる」までには、たくさんの壁があります。しかし、職場の先輩との意見交換や園内・園外での研修によって、解決することもたくさんあります。「子どものために頑張る保育者」だけではなく、「子どもも保育者も楽しくなる保育」は、保育者の経験年数にかかわらず可能であることを、筆者はさまざまな保育現場の先生方との関わりから確信しています。
　具体的には、このテキストにおいて、下記のような構成で「保育者論」を語っています。授業時間の都合上、全ての章を丁寧にふれることは難しいでしょうから、保育者をめざす人として、関心のある部分は、自身で読み進めていただけるとよいと思います。ワークが各章に盛り込まれているので、ぜひ、ワークでの学びにより自身のこととして考え、同級生と対話しながら理解を深めていただきたいです。

　第１章　保育職の魅力・保育現場が求める保育者像…改めて保育職の魅力について掘り下げ、学びへのモチベーションを高めましょう。その上で、どのような保育者が保育現場に求められているのかを知り、具体的な学びの方向性をクリアにします。
　第２章　保育者の資格と制度…保育士資格や幼稚園教諭免許に関わる制度を学び、現代の社会背景も踏まえた国が理想とする保育者像への理解を深めます。
　第３章　保育者の専門性…新保育所保育指針に明記された保育者の専門性

が重要であるとわかっていても漠然としていませんか。具体的に保育者の専門性を理解しましょう。

　第4章　保育実践における保育者の役割…「子どもも保育者も楽しくなる保育」の実践部分の原理・原則が詰まっています。実習においても即実践できますよ。

　第5章　特別の配慮を必要とする子どもたちと保育者の役割…特別の配慮を要する家庭や子どもはどのクラスにも存在すると言ってよい状況です。どの子どもも最善の利益が得られるために、保育者がすべきことを押さえましょう。

　第6章　園の管理・運営に関わる保育者の役割…職業人としての保育者に求められる業務やルール、子ども達の安全や衛生を保障するためのルールについて学びます。

　第7章　保育者の多様な役割…子どもの育ちを保障し、子育て家庭をサポートするための保育者としての役割を学びます。

　第8章　保育者の成長…子どもも保育者も笑顔になるためのプロセスや保育者の研修についての理解を深めます。

　第9章　これからの保育者の課題…幼保小の連携、多国籍の子どもの保育等、今後一層求められていくさまざまな保育者の役割について触れます。

　このように、保育者をめざし、保育について学び、保育職に就き、保育者として働きながら、また学び、職員集団と支えあいながら成長する…というさまざまな段階を皆さんは踏んでいきます。もしかすると、資格・免許は取得しても保育者という道を選択しないかもしれません。そうであったとしても、今後、一層確実に社会に求められる職業である保育者について、この保育者論のテキストを通して、さまざまな選択肢を増やしてほしいと思います。もちろん、保育者をめざしている皆さんに、「子どもと一緒に『楽しい！』と思える保育をしよう！！」と思っていただけることを心より願っています。

◆参考文献
厚生労働省「厚生労働省編職業分類」2011年
厚生労働省「保育士確保プラン」2015年

第 **1** 章

保育職の魅力・保育現場が求める保育者像

　この章では、保育職の魅力と現場が求める保育者像について考えていきます。保育職の魅力とは表裏一体の、保育職のネガティブな部分にも目を向けながら、保育職のやりがいやすばらしさについて、今一度整理してみましょう。さらに、保育現場が求める保育者像についても一社会人の立場から考えてみましょう。

第1節　保育職の魅力とは

1　小さな頃からの夢の実現

1──将来の夢として大人気の保育所・幼稚園の先生

　保育職をめざして養成校に入学してくる学生に、なぜ保育者になりたいのかと質問すると、多くの学生から「自分が通っていた幼稚園の先生にあこがれて」とか、「自分が通っていた保育所の先生が大好きだったから」という意見を聞きます。また、親やきょうだい、親戚が保育者で、彼女たちの仕事の話や、仕事に立ち向かう姿勢に影響を受けて、自分も保育者をめざしたという声もよく聞きます。看護師と同じように、保育者は世代継承性の高い職業でもあります。さらに、毎年各企業が実施する「将来なりたい職業ランキング」においても、「保育士」や「幼稚園教諭」は非常に高い順位を占めています。

　子どもが好きな人にとって、保育の仕事はやりがいのある魅力的な仕事です。大好きな子どもの成長を子どもが大好きな同僚に囲まれながら感じ、そして子どもを大切にしている保護者と分かち合うことのできる素晴らしい職業なのです。その夢の実現のために、皆さんは授業や実習などに一生懸命取り組んでいることでしょう。

2──夢と現実とのギャップを埋める

　養成校での授業や実習はとても濃密です。すでに実習を経験した方は、子どもとの生活や遊びを共有し、楽しい思いをしたことでしょう。しかしその一方で、子どもの発達の見極めや援助の方法に困難を感じたり、日々の保育の記録や指導計画の作成につらさのほうが印象に残っているという人もいるかもしれません。そして実際に保育者として活躍している先輩の話でも、やりがいだけではなくつらいことも耳にします。さらに、マスコミは保育者の労働環境、待機児童問題、そしてモンスターペアレンツ対応といった、ネガティブな情報を流します。ひょっとしたら、このような状況のただ中にある皆さんが保育者になることを皆さんの家族が心配しているかもしれません。そして皆さん自身が保育者になることに不安を抱いているかもしれません。

一般的に言って、職業の選択は青年期になされます。職業の選択・決定は、青年期における大きな転機となります。ですので、大いに悩んでほしいのです。養成校での生活の中で、保育職が他の職業とどう違うのか、保育職は現代社会の中でどのような位置づけがなされ、今後何が期待されているのか、自分は何をすべきかなどについて、ぜひ問い続けてほしいのです。そして夢と現実とのギャップを埋めて下さい。

　そのために、自分が保育者をめざしたきっかけを思い出し、その思いがいつごろからどのようなプロセスを経て現在に至るのかを、一度整理してみるとよいでしょう。そして保育者になろうとする自分の思いを確認してみましょう。

2　保育者としてのやりがいとは

1──子どもの成長を実感できること

　多くの保育者は仕事のやりがいについて、「子どもの成長を実感できること」と感じています。今までできなかったことができるようになった姿を見たときの喜びは言葉では言い尽くせないほどです。たとえば、「はいはい」しかできなかった子どもが、徐々に歩けるようになり、そのうちに意味のある言葉を発するようになったときです。その他にも、保育者の手助けなしに着替えができるようになったときや、クラスの発表会などの行事を成功したときに、保育者は子どもの成長を実感することができます。

2──保護者から感謝されること

　「保護者から感謝されること」もやりがいとして挙げられます。保育者の仕事の多くは人との関わり合いです。子どもだけではなく、同僚や保護者といったおとなとの関わりも重要です。保護者と保育者が子どもの成長をともに支える中で、信頼関係が築かれていきます。自分の保育や行動に対して保護者から「ありがとう」と感謝の言葉をもらえたときに、保育者はやりがいを感じることができます。たとえば、保護者から子育ての悩みなどを打ち明けられたときには信頼関係を構築できていると考えることができます。また、子どもの問題に対して、保護者と協力しながら根気よく取り組み解決できたときには、保育者としてのやりがいをひしひしと感じることができるでしょう。

3──いつも笑顔があふれ、人間として成長できること

　保育の現場はいつも子どもと保育者の笑顔であふれています。保育者は、子どもを援助する立場でありながら、子どもから学ぶことも多くあります。普段の生活では気づけないことも、保育の現場で子どもと接することによって学ぶことができるのです。たとえば、うれしいときに素直に喜ぶ姿や、保育者がおとなになり忘れかけたやさしい心情などを子どもの姿から学ぶことができます。子どもとともに人間として成長できることも保育者の仕事の魅力と言えるでしょう。

第2節　保育現場が求める保育者像

　保育者をはじめてめざしたときの気持ちと、養成校で保育を学んでいる現在の気持ちに変化はありますか。自分が理想とする保育者像はどのようなものでしょうか。そして保育現場が求めている保育者像はどのようなものでしょうか。本節では、保育現場が求めている保育者像について紹介します。

1　「気働き」ができる保育者をめざして

　何気ない変化を発見できるか、その出来事の意味をどのように読み取るかといった「気づき」の力は、保育現場ではとても大切であると考えられています。すでに実習を経験した皆さんは、実習中、日々の実習を振り返る中で「実習生の気づき」の欄を埋めることに苦労した経験があることでしょう。
　「気づき」とは、今まで見えていなかった事象に対して、新たに変化したことや発見したことを察知し、自分の中で理解していくことを言います。「気づき」は保育者として成長するための原動力となります。
　さらに、「気づき」を一歩進めて「気働き」できる保育者が保育現場では求められます。「気働き」とは事の成り行きに応じて、即座に心が動くことを言います。そのもととなるのは「相手への思いやり」です。「気働き」には想像力と行動力が必要になります。たとえば「子どものちょっとした変化に気がつく」「子どもの何気ない言葉からもその子どもの気持ちを察することができる」「人の気持ちに敏感である」ことなどが求められます。
　このような気働きができる保育者は、子どもの心情を敏感にくみ取りなが

ら、子どもを主体とした保育が展開できるようになります。さらに、状況を読みながら気働きを心がけることによって、職場でも良好な人間関係を築くことができます。日頃から目の前で起こっている事象から想像力を働かせ、次の行動を考えられるようにしましょう。

事例1－1 「荷物が重くて扉が開けられないんですけど…」

　大きな荷物を両手に抱えて扉を開けられないで困っている人がいます。あなたならどうしますか？

事例1－2 「何でアツシ君は泣いているのかな？」

　泣いているアツシ君、その横でおもちゃを持っているタケオ君がいます。どんな状況が考えられますか？

　たとえば、みなさんはこれまでに事例1－1のような状況に遭遇したことはないでしょうか。荷物を抱えて扉の前に立っている人を目の前にしたら、

そのまま通り過ぎることはないでしょう。さりげなく扉を開けてあげるか、大きな荷物を持ってあげるといった行動を起こすことでしょう。

事例1－2について考えてみると、まず真っ先に、①アツシ君が自分のおもちゃをタケオ君に取られたと泣いたことが考えられます。しかし、②アツシ君がタケオ君のおもちゃを取ったので、タケオ君が取り返したところ、アツシ君が泣いたということもあり得ます。保育者が①と②の両方の可能性があることを考慮せずに、単にアツシ君が泣いているという事実だけに目を向けていると、いきなりタケオ君に注意をしてしまうでしょう。

どのようなことでも常に「気」を働かせ、事象の前後を考慮する習慣をつけることで、気働きのできる人になれるでしょう。

2　社会人として必要な基本的事項を確認しよう

2018（平成30）年に公表された「保育所保育指針解説」では、保育士の専門性について以下のような知識・技術が挙げられています[1]。

①これからの社会に求められる資質を踏まえながら、乳幼児期の子どもの発達に関する専門的知識を基に子どもの育ちを見通し、一人一人の子どもの発達を援助する知識及び技術
②子どもの発達過程や意欲を踏まえ、子ども自らが生活していく力を細やかに助ける生活援助の知識及び技術
③保育所内外の空間や様々な設備、遊具、素材等の物的環境、自然環境や人的環境を生かし、保育の環境を構成していく知識及び技術
④子どもの経験や興味や関心に応じて、様々な遊びを豊かに展開していくための知識及び技術
⑤子ども同士の関わりや子どもと保育者の関わりなどを見守り、その気持ちに寄り添いながら適宜必要な援助をしていく関係構築の知識及び技術
⑥保護者等への相談、助言に関する知識及び技術

もちろん、保育者としては上述のような専門性を有していることは重要です。しかし、保育者である前に一人の社会人として必要な基本的な事項をここで確認しておきましょう。

1── 挨拶

挨拶は誰もが気持ちよくコミュニケーションをとる方法です。社会生活を送る上での魔法のアイテムと言えるでしょう。子どものモデルとなる保育

者自身が挨拶をしなかったり、おざなりだったりすれば、子どもも挨拶をしなくなるかもしれません。保護者が挨拶をしても、子どもとの遊びに夢中で気がつけない保育者もいけません。それでは保護者との信頼関係は築けないことでしょう。さらに、地域の人々との関係も挨拶から始まります。自分から進んで大きな声で元気に挨拶をしましょう。

2──時間を守る

　学生時代は授業に遅刻しても、それほど多くの人に迷惑をかけることはなく、自分が一番困るということがほとんどでしょう。しかし、社会人になると仕事を構成する一員なので、自分一人が遅れることで、多くの人に迷惑をかけてしまいます。知らず知らずのうちに相手の時間を奪っているのです。とりわけシフト制で動いている職場ではかなり時間には厳しくしなければなりません。勤務時間は仕事に就く時間であり、職場に着く時間ではありません。着替えといった身支度の時間は勤務時間には含まれません。

　また、守らなければならないのは出勤時間だけではありません。会議開始時間、行事のときの集合時間、そして指導案などの提出物の期限も守るようにしましょう。時間を守ることで、周囲から信頼される人材となるのです。

3──TPOに応じた服装

　園長や先輩を見習って職場のTPOに応じた服装を考えましょう。また、清潔感を常に保つようにしましょう。だらしない服装で、出勤途中に園児や保護者に会ってしまうかもしれません。本人がどんなによい保育をしていても、服装で判断されてしまうことがあるのです。保育のプロとしていつも自覚をもっておく必要があります。

　ピアス、ネックレス、指輪などのアクセサリーや長い爪は、保育の邪魔になったり、子どもに思わぬけがをさせるなどの危険を及ぼすことがあるので避けましょう。髪型も子どもが保育者の表情がよく見えるように工夫しましょう。

4──正しい言葉づかい

　子どもの言葉や言葉づかいは、長い時間をかけて保護者や保育者、きょうだい、友達などから獲得されていきます。周囲のおとなが無意識に使ってい

る言葉や口癖などをモデルとして覚えていき、それらの言葉が好ましいか好ましくないかにかかわらず使うようになります。

　つまり、周囲のおとなが正しい言葉を使うことで、子どもが豊かな言葉づかいを育むことができます。子どもがときおりやっている「せんせいごっこ」の様子から、保育者自身の普段の言葉づかいやしぐさを垣間見ることができます。子どものモデルとなる保育者は、常に自らの言葉や言葉づかいに注意を払っておく必要があるのです[2]。

5──整理整頓

　片づけができなくて、部屋が散らかっていると、そこで過ごす人の精神状態に大きな影響を及ぼすと言われています。どんなに子どもへの関わりがうまくても、保育技術が高くても、自分の担当する保育室や職員室の机上が散らかっていては全てが台無しです。

　ものが雑然と置かれ、ゴミが散らかりっぱなしの中では、子どもたちも片づけに対する意識が薄れてしまいます。また、子どもがゴミで滑って転ぶなど、けがや事故の原因にもなりかねません。整理整頓されている場所がだれにとっても気持ちのよい場所であることは言うまでもありません。保育室は担当している保育者の「顔」とも言えるのです[3]。

3 | 息の長い保育者でいるために

1──仕事が続く保育者とそうでない保育者

　小さな頃から「将来は保育所の先生になりたい！」という夢を抱き、保育者養成校へ入学し、授業にも実習にも課外活動にも頑張っていることでしょう。保育者養成校を卒業し、保育者として働くようになると、仕事が続く人とそうでない人が出てきます。せっかく夢の実現を果たしたわけですからできるだけ保育者として活躍していってほしいと思います。

　そこでここでは、以下の保育者としての仕事が続く人とそうでない人のそれぞれの特徴を見てみましょう[4]。それぞれの特徴を知ることで、自分を客観的に見るきっかけとなるでしょう。

【保育者からみた仕事が続く人の特徴】

□挨拶ができる　　　　　　　　　　□元気で明るい
□時間が守れる　　　　　　　　　　□相談ができる
□気が利く・まわりがよく見えている　□コミュニケーション能力が高い
□目標をもっている　　　　　　　　□やさしく真面目
□切り替えがうまい

【保育者からみた仕事が続かない人の特徴】

□会話の中に入れない　　　　　　　□よい先輩、よい職場環境に出会えて
□意見を言わない　　　　　　　　　　いない
□我慢ができない　　　　　　　　　□時間に追われている
□相手の立場に立てない　　　　　　□健康面に不安がみられる
□やりがいをもてていない

2──よい人間関係を構築するために─質問・相談上手になろう─

　仕事が続く人の特徴として、「職場に馴染むことができ、人間関係がうまくいっていること」が挙げられます。高いコミュニケーション能力があれば、仕事上で不満や悩みが出てきたときに、周りに助けてくれる人がいたり、悩みを相談できる相手がいるため、ストレスが軽減されます。そのような相乗効果によって、長く仕事を続けることができるのです。

　一方で職場になじめず人間関係がうまくいっていないと、些細なことでもストレスに感じ、仕事に打ち込めなくなります。そのような負のスパイラルに陥ってしまうことにより、仕事が続かなくなってしまうのです。

　他の園への転職を考える保育者によくあるのが、人間関係がうまくいっていないことです。その人によくよく話を聞いてみると質問や相談の仕方がうまくいっていないことが往々にしてあります。園長や先輩保育士が「わからなかったら何でも聞いてね」と言っているから聞いてみたところ、怒られてしまったなどということも聞きます。もしかしたらそれは、質問・相談の仕方が悪いからなのかもしれません。つまり、わからないことが出てきたときに何でも質問してもよいというわけではないのです。

　以下に質問・相談するときにポイントを記します[5]。

【質問・相談するときのポイント】
①質問・相談の前に
　□質問内容が整理できているかを確認する
　□自分なりの考えや解決策を用意しておく
②質問するときに注意すること
　□相手の状況やタイミングを確認する
　□聞きたいことや結論を最初に聞くようにする
　□一度に多くの質問をしないようにする
③教えてもらっているときの注意点
　□いつでもメモが取れるような状態にしておく
　□しっかりと聞く姿勢をもって相手の話を聞く
④質問・相談した後は
　□お礼を忘れない
　□その後、どうなったかの結果を報告する

　このように、園長や先輩保育士への質問や相談がうまくできると、職員間での信頼関係が築きやすくなります。その結果園全体のチームワークがよくなっていき、離職することもなくなってくるのです。

3──自己管理ができる保育者をめざそう

　子どもの気持ちを受け止め、それにこたえるためにはエネルギーが必要です。そのために、保育者はいつも万全の体調・精神状態でありたいものです。
①生活リズムを整えておくことが大切です。普段から食事や運動、睡眠などに気をつけ、体調管理をしっかりとしておきましょう。健康管理ができる保育者は、遅刻や欠勤が少ないです。保育中も笑顔ではつらつとしているので、職員や保育者からの信頼も厚いです。
②感情をコントロールできる保育者でありたいものです。プライベートで起きた出来事を職場に持ち込まないようにしましょう。また、仕事での悩みや不安を吐き出す場にも注意が必要です。最近は、誰と誰がどこでつながっているかわかりません。職場の愚痴や噂話を安易にSNSに書き込むことは絶対に避けましょう。

◆引用文献
1）厚生労働省「保育所保育指針解説」2018年　p.17
2）谷田貝公昭編『これだけは身につけたい　新・保育者の常識67』一藝社　2015年　pp.102－103
3）同上書　pp.88－81
4）中野悠人・山下智子『先輩が教えてくれる！　新人保育士のきほん』翔泳社　2016年　pp.100－101
5）同上書　pp.92－93

◆参考文献
大豆生田啓友『倉橋惣三と旅する　21世紀型保育の探求』フレーベル館　2017年
上野恭裕編著『プロとしての保育者論』保育出版社　2012年　pp.29－32.
青山佳代・森山雅子「自分の保育を俯瞰的・多面的に捉えるための現任保育者研修のあり方（1）」『日本保育学会第69回大会　発表抄録集』日本保育学会　2016年
日本保育協会監　横山洋子『根拠がわかる！　私の保育 総点検』中央法規出版　2017年

第 2 章

保育者の資格と制度

　本章では、保育者自身を取り巻く法律や制度について学びます。保育者がプロフェショナルとして子どもの最善の利益に基づいて保育を展開するためには、自分自身の資格や制度について知っておく必要があります。ここでは、保育者がどのような法令で規定されているのか、また、どのように保育者の資格や免許を取得するのかを中心に学びます。

第1節　保育者を取り巻く法律・制度の理解

　　法律で定められている資格や免許を取得してその職に就くということは、法令で認められている範囲の職務を遂行する権利を有するとともに、その職務上の義務を負っています。保育者としての「保育士資格」や「幼稚園教諭」も、法律で定められており、社会から信頼されるプロフェッショナルとして、「子どもの最善の利益」[1]を考慮し、自覚をもって行動することが求められます。

　　法や制度は、社会の状況や人々のニーズをもとに整備・改正されていきます。保育の世界においても例外ではなく、社会情勢の変化にあわせて法や制度がたびたび整備・改正されています。保育に関する法律や制度は、社会がどのような保育を望むかをあらわしているのです。法律や制度がなければ、好き勝手な保育が展開されてしまいます。それでは、子どもや保育者に不公平が生じかねません。法律や制度といった共通のルールの下、保育者は責任と誇りをもって保育を展開していくことが望まれます。保育者が常に自分の資格を取り巻く法や制度に関心を持ち、理解することはとても重要なことです。

> [1] 子どもの最善の利益
> 子どもに関することで、現在及び未来にとって最もよいことは何かを考えて行動することを意味します。

第2節　保育士の法的根拠

1　保育士を規定する法令

1──児童福祉法

　　保育士に関する法令としてまず挙げられるのは、児童福祉法です。保育士については、以下のように定められています。

児童福祉法

> 第18条の4　この法律で、保育士とは、第18条の18第1項の登録を受け、保育士の名称を用いて、専門的知識及び技術をもつて、児童の保育及び児童の保護者に対する保育に関する指導を行うことを業とする者をいう。

> 第48条の4
> ② 保育所に勤務する保育士は、乳児、幼児等の保育に関する相談に応じ、及び助言を行うために必要な知識及び技能の修得、維持及び向上に努めなければならない。
> （第1項略）

2 ── 保育所保育指針

児童福祉法第18条の4の規定を踏まえて、保育所保育指針「第1章　総則」の「1　保育所に関する基本原則　(1)保育所の役割」には、以下のような規定があります。

> エ　保育所における保育士は、児童福祉法第18条の4の規定を踏まえ、保育所の役割及び機能が適切に発揮されるように、倫理観に裏付けられた専門的知識、技術及び判断をもって、子どもを保育するとともに、子どもの保護者に対する保育に関する指導を行うものであり、その職責を遂行するための専門性の向上に絶えず努めなければならない。

このように保育士が職務を遂行するために有しておかなければない専門的知識や技術について、児童福祉法や保育所保育指針においても規定されているのです。

2　保育士資格の特色

1948（昭和23）年の児童福祉法施行以降、同法施行令によって「児童福祉施設において、児童の保育に従事する女子」を「保母」と呼称していました。それまで、保育所をはじめとした児童福祉施設で働く人の多くが女性だったからです。しかし、男性保育士が増加したことや男女雇用機会均等法の大幅な改正にともなって児童福祉法施行令が改正され、1999（平成11）年よりジェンダーに依存しない名称として「保育士」が定められました。

1 ── 保育士資格の法定化

2001（平成13）年の児童福祉法の改正によって保育士は、それまでの任用資格から国家資格となりました（2003（平成15）年施行）。つまり、保育士が専門職としての社会的承認を得て義務と権限が与えられることとなったのです。以下が国家資格としての保育士の特色です。

1 登録制

保育士になるためには、「登録」が必要です。児童福祉法第18条の18第1項によれば「保育士となる資格を有する者が保育士となるには、保育士登録簿に、氏名、生年月日その他厚生労働省令で定める事項の登録を受けなければならない」とあります。保育士登録簿は、都道府県に備えられており、都道府県知事が申請者に保育士登録証を交付します。

2 名称独占

保育士の資格を有していない人は「保育士」と名乗ることができません。これを「名称独占資格」と言います。もし、保育士でない者が、保育士またはこれに紛らわしい名称を使用することは、児童福祉法第18条の23に基づいて禁止されています。これに違反した場合には、児童福祉法第62条に基づき罰せられます。

3 禁止事項、義務

保育士には、信用失墜行為の禁止と秘密保持義務が課されています。信用失墜行為の禁止については、児童福祉法第18条の21に「保育士は、保育士の信用を傷つけるような行為をしてはならない」と定められています。また、秘密保持義務については、児童福祉法第18条の22に「保育士は、正当な理由がなく、その業務に関して知り得た人の秘密を漏らしてはならない。保育士でなくなつた後においても、同様とする」と定められています。

2——資格の取得方法

保育士資格を得るためには、以下の2つの方法があります（図2－1参照）。

1 指定保育士養成施設を卒業する

保育士資格を取得するための最も一般的な方法は、保育士養成課程を有する大学、短期大学、専門学校などに入学し、定められた科目の単位を取得して卒業する方法です。指定保育士養成施設の修業科目、単位数、履修方法については、厚生労働省告示[2]に示されています。

[2] 厚生労働省告示「児童福祉法施行規則第6条の2第1項第3号の指定保育士養成施設の修業教科目及び単位数並びに履修方法」

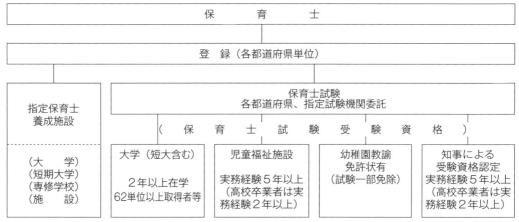

図2-1 保育士資格の取得方法
注：平成24年4月から、知事による受験資格認定の対象に認可外保育施設が追加された。
出典：厚生労働統計協会編『国民の福祉と介護の動向2017／2018』p.249を一部改変

2 保育士試験に合格する

　年に2回、一般社団法人全国保育士養成協議会が実施する「保育士試験」を受験し、保育士資格を取得する方法もあります。保育士試験は、児童福祉法第18条の8に、「厚生労働大臣の定める基準により、保育士として必要な知識及び技能について行う」と定められています。年によって差はありますが合格率は20％未満です。なお、幼稚園教諭免許状取得者が保育士試験を受験する場合には、申請すれば実技試験は免除されます。

3　保育所以外で活躍する保育士

　保育士には、保育所以外でも活躍する場があります。助産施設、乳児院、母子生活支援施設、児童厚生施設、児童養護施設、障害児入所施設、児童発達支援センターといった児童福祉施設でも多くの保育士が活躍しています。これらの施設は、保育所に比べて利用者の年齢の幅が広い場合もあり、また福祉ニーズが高いこともあります。よって、幅広い発達理解と福祉に関する専門的知識、技術が求められます。
　しかし、それぞれの現場の保育士業務について明確なガイドラインがあるわけではありません。保育所で働く保育士には、「保育所保育指針」が定められていますが、児童養護施設や病棟、子育て支援センター等で働く保育士の仕事内容について具体的な内容は定義づけられていません。学生が卒業後

も学び直しができる機会の提供や、研修会などに積極的に参加することが求められます。

児童福祉施設の設備及び運営に関する基準第7条によれば、職員について次のように定められています。

児童福祉施設の設備及び運営に関する基準

第7条　児童福祉施設に入所している者の保護に従事する職員は、健全な心身を有し、豊かな人間性と倫理観を備え、児童福祉事業に熱意のある者であつて、できる限り児童福祉事業の理論及び実際について訓練を受けた者でなければならない。

第3節　幼稚園教諭の法的根拠

幼稚園教諭を規定する法令

1──学校教育法

1947（昭和22）年に学校教育法が制定され、その中で幼稚園は、「学校」として位置づけられました。学校教育法第27条に次のように規定されています。

学校教育法

第27条　幼稚園には、園長、教頭及び教諭を置かなければならない。
⑨　教諭は、幼児の保育をつかさどる。
（第2〜8、10、11項略）

2──教育職員免許法

幼稚園教諭になるためには、教育職員免許法に基づく幼稚園教諭の免許状が必要です。この免許状は、各都道府県の教育委員会から授与され、日本全国で有効とされています。現在、教員免許には、「専修」「一種」「二種」の3種があります。大学院で必要な課程を修了した者が「専修」、四年制大学を卒業したものが「一種」、短期大学・専門学校などの修了者が「二種」となります。免許状の種類による職務上の違いはありません。保育士が名称独

占資格であるのに対し、幼稚園教諭免許は「業務独占資格」と言われます。業務独占資格は、特定の業務に際して、特定の資格を取得している人のみが従事することができ、資格がなければその業務を行うことが禁止されている資格のことです。

　なお、保育士資格をもち、かつ保育士として一定以上の現場経験をもつ者は、「幼稚園教員資格認定試験」を受験し合格すれば、幼稚園教諭二種免許状を取得することができます。

　2007（平成19）年の教育職員免許法の改正により、「教員免許更新制」が2009（同21）年4月から導入されています。教員として必要な資質能力が保持されるよう、定期的に最新の知識・技能を身につけることで、社会の信頼を得るために実施されています。そのため、教員免許の有効期間は10年間となり、有効期間を更新するためには30時間の講習を受講・修了しなければなりません。受講者は、本人の専門や課題意識に応じて、教職課程をもつ大学などが開設する講習の中から以下の必要な講習を選択し、受講することとなっています。

①教育の最新事情に関する事項（12時間以上）
②教科指導、生徒指導その他教育の充実に関する事項（18時間以上）

3——幼稚園教育要領

　幼稚園教育要領では、保育者は「教師」と記されています。「第1章　総則」の「第1　幼稚園教育の基本」において幼稚園教諭は、以下のような職責が求められています。

> （一部抜粋）
> 教師は、幼児との信頼関係を十分に築き、幼児が身近な環境に主体的に関わり、環境との関わり方や意味に気付き、これらを取り込もうとして、試行錯誤したり、考えたりするようになる幼児期の教育における見方・考え方を生かし、幼児と共によりよい教育環境を創造するように努めるものとする。

第4節　認定こども園における保育者

　2012（平成24）年の「就学前の子どもに関する教育、保育等の総合的な提供の推進に関する法律」（以下「認定こども園法」）改正において、学校及び児童福祉施設、そして法的位置づけをもつ施設として「幼保連携型認定こど

も園」が創設されました。この幼保連携型認定こども園においては、園長と保育教諭が必置とされています。学校教育と保育を一体的に提供する施設であることから、保育教諭は幼稚園教諭免許状と保育士資格の両方の免許・資格を有することが原則となっています。認定こども園法第14条、及び第15条には以下のような記述があります。今後、認定こども園が増えていく中、保育の場における新たな専門職としてその存在が注目されています。

> **第14条** 幼保連携型認定こども園には、園長及び保育教諭を置かなければならない。
> 10　保育教諭は、園児の教育及び保育をつかさどる。
> （第2〜9、11〜19項略）
> **第15条** 主幹保育教諭、指導保育教諭、保育教諭及び講師（中略）は、幼稚園の教諭の普通免許状（中略）を有し、かつ、児童福祉法第18条の18第1項の登録（中略）を受けた者でなければならない。
> （第2〜6項略）

◆参考文献
一般社団法人全国保育士養成協議会ウェブサイト
　http://hoyokyo.or.jp/
上野恭裕編『プロとしての保育者論』保育出版社　2011年

学びを深めるために 1

　ひとことで「保育者」と言ってもさまざまな職務があります。それらをノートにまとめてみましょう。

　また、保育者が成長していくためには、1年目の保育者であっても先輩に過剰な気遣いをすることなく思いを表現でき、わからないことは何でも質問できることが大切だと思います。多様な保育者が存在するなかで、自分が現場でどのような保育者でありたいかをまとめてみて、仲間に発表してみましょう。

Work1　「保育者」にはどのような種類があるのでしょうか。調べてみましょう。

【ヒント】保育士、施設保育士、幼稚園教諭、保育教諭

Work2　「保育士」や「幼稚園教諭」の資格や免許は、どのような手段で取得できるのかを調べてみましょう。また指定保育士養成施設では、どのような実習が計画されているかを調べてみましょう。

【ヒント】指定保育士養成施設、保育士試験、教員免許

Work3　1年目の保育者は、分からないことばかりです。その場の状況を踏まえて的確に先輩保育者に質問するためにはどうすればよいか、クラスの仲間と話し合ってみましょう。

Work4　保育所のなかで、自分はどのような個性をもった保育士として活躍できるかを考えて、仲間に発表してみましょう。

第 3 章

保育者の専門性

　本章では、保育者の専門性について学びます。
　まず、保育者を「省察的実践者」という専門職モデルでとらえ、子どもや保護者との関係性や保育者の経験知への理解についての新たな考え方を検討し、保育者に必要な資質に焦点を当てます。次に、保育の質の向上に向けて、PDCAサイクルの意義について理解し、専門性を深めるダブル・ループ学習とその組織的な取り組みに注目します。そして最後に、保育者の専門性の基盤としての倫理のさまざまな側面について、その構造を理解した上で、それぞれを詳細に検討します。
　以上の学びを通じて、保育者の専門性を理解して、自らの専門性を育み、向上させるヒントを得ることを目的とします。

第1節　保育職の特色

1　省察的実践者としての保育者

1──保育行為の中の省察

　かつて「専門家」の支配的なイメージは、次のようなものでした。専門的理論は、正しく、高尚で、権威あるものであり、実践とは、正しい理論の現実への応用という技術的問題である。つまり、専門家とは、そうした技術を高度に身につけた「技術的熟達者」であるというものです。保育職にもこうした側面があることは事実でしょう。子どもが異物を飲み込んだときに水を飲ませるべきか、あるいは飲ませないでおくべきかといった問題には「正しい」とされる知識が存在しますから、それをちゃんと知っておいて、実践に応用しなければなりません。

　しかし、保育の一つ一つの実践は、一回性──二度と同じことが起こらないこと、曖昧性──多様な意味がありうること、不確実性──こうすれば必ずこうなるという確実さが保証されないことなどの性質をもっています。今日のAちゃんとBくんのけんかは、昨日のAちゃんとBくんのけんかとは別の出来事です。ですから、昨日のAちゃんとBくんを仲直りに向かわせた援助が、今日も同じように働くとは限りません。そのため、保育者は、保育行為をしながら一つ一つの瞬間ごとに、子どもの反応を受け止め、子どもの背景やこれまでの状況などを思い起こしながら、いわば状況と対話しながら直後の行為の選択や修正を行います。

　ショーン（D. A. Schon）は、対人援助専門職のこうした特質を「行為の中の省察」（reflection in action）と呼んでいます。そして、瞬時に振り返りながら実践を行う専門職のあり方を「省察的実践者」（reflective practitioner）と呼んでいます[1]。

2──子どもとの関係性への省察

　省察的実践者は、普段は無意識に前提としている、経験的に構成されたフレーム（枠組み、ものの見方・考え方、暗黙の理論）を省察的に自覚し、適用し、修正する、つまりは学習し続ける存在です。そしてサービスの受け手

（クライアント）に対しても、ある知識を押しつけることなく、クライアントが自らのフレームを自覚し修正できるように援助します。

専門家である保育者と、子どもや保護者とは、専門的な知識や判断力において、対等な関係ではあり得ません。しかしそれは、どちらがえらいかとか正しいかとかいう問題ではなく、事態のとらえ方の違いなのです。保育者がまずは一般的な理論をもとに事態をとらえようとするのに対し、特定のクライアントは、彼／彼女自身が置かれた特定の現実についての知識や判断を前提に事態をとらえます。おとなにとって理不尽に見える子どもの行為も、子どもは自分の経験や状況から自分なりに考え、自分なりの道理をもっています。保育者は、「子どもがそうして（そう考えて）いるのは、私にはまだわからない何らかの、子どもにとっての合理的理由があるのだ」と認識し、子どもや保護者の思考や行動が、保育者のフレームをこえる可能性をもつことを知っておかなければなりません。自ら考え、行動していく力をもった主体的な子どもを育てていくには、専門家の一般論を押しつけるのではなく、保育者自らが自分のフレームを省察しながら、子どもがより正しいあり方を自ら見つけ出していけるように援助していくことが大切なのです。

3──保育者の知の特質

保育者が専門家だとすると、保育者は専門的な「知」──知識と技術の総体──を備えているはずです。では、保育者の「知」をどのようにとらえるとよいでしょうか。この問いについては、レナードとスワップ（D. Leonard & W. Swap）が示している「ディープスマート」（deep smarts）という概念が示唆的です。ディープスマートは、直訳すれば「深い知恵」と言えるでしょう。それは「その人の直接の経験に立脚し、暗黙の知識に基づく洞察を生み出し、その人の信念と社会的影響により形作られる強力な専門知識」[2]だとされます。これは「その保育者の直接の保育経験に立脚し、暗黙の知識に基づく洞察を生み出し、その人の保育観や保育理念と同僚や子どもや保護者などとの関わりの中で形成される強力な専門知識」とほとんどそのまま保育者に置き換えることができます。

保育者が外部の「正しい」知識を吸収しようとすることももちろん必要です。しかし保育者の頭の中には、何千時間、何万時間という膨大な実践において蓄積された豊富な「経験知」が資源として埋もれています。であるならそれを保育者個人としても組織としても、大いに活用することが生産的ですし、お仕着せでない自分自身の知としてそれぞれの保育者の中で生きて働く

原材料になるはずです。

　こうした保育者の知のとらえ方は、保育の質をいかに向上させるかという第2節の課題にも大きく関わってきます。

2 　保育者の基本的資質

1── テクニカル・スキル

　ここでは、保育者に求められる資質を、カッツ（R. L. Katz）のリーダーシップ論をもとに、①テクニカル・スキル、②コンセプチュアル・スキル、③ヒューマン・スキルに分けて見ていきましょう[3]。

　テクニカル・スキルとは、保育者としての知識と技術のことです。保育を実践していくためには、実際に保育を行うための手段としての知識と技術をもっていなければなりません。子どもがある製作活動をしていく場合を例にとってみると、作るものの材料、作り方、それをどう教えていかに子どもの理解を促すか、どのような手遊びや絵本を使って興味や関心を導いて子どもの意欲につなげていくか、この発達段階ではどのような道具を使うことができるか、子どもの活動が発展するためにどのような言葉かけが有効かなど、さまざまなテクニカル・スキルが求められます。

2── コンセプチュアル・スキル

　コンセプチュアル・スキルとは、保育者の実践を支える概念、考え方、理論などです。理論と言うと、大学などの研究者だけがもっているかのように誤解をされていることが多いのですが、現場の保育者にも豊富な経験知に基づいた理論があるのです。ただそれを、普段は意識して言語化して省みていないだけのことなのです。さらに、普段は意識しない、暗黙の前提となっている、子ども観──子どもはどういう存在であるのかという子どもへの見方──や、保育観──保育とはどのような営みかという保育への見方──もコンセプチュアル・スキルに含まれます。私たちの実践的な行為は、無意識的であっても、心の奥にある観念に影響されます。たとえば、子どもが何かを作っていてうまくいっていないときに、「子どもは自分では解決できない、まだ無知な存在だ」という子ども観をもっていたら、すぐに子どもに答えを示して解決するという方法をとるでしょう。「子どもは自ら解決する知恵を

見出す賢い存在だ」と思っているなら、辛抱強く待ってみたり、助けるとしてもヒントにとどめるでしょう。そうした関わり方の違いは、保育とは何かという、保育観によっても導かれるものなのです。

3——ヒューマン・スキル

　ヒューマン・スキルとは、人間性と訳してもよいのですが、単にいい人であるといったことではなく、人と関わる力、つまりコミュニケーションの力に重きを置いたものと考えたほうがよいでしょう。保育者は、人を相手に支援を行う、対人援助専門職の1つです。子どもや保護者との良好なコミュニケーションを図ることができなければ、仕事の基盤が成り立たないし、よい成果を上げていく、つまり子どもをよりよく育て、保護者を適切に支援していくこともできません。ただし、コミュニケーション能力とは決して、おしゃべりが上手なことや社交的だということではありません。子どもや保護者の立場や気持ちに寄り添い、適切な言葉のやりとりを行うことによって、信頼関係を構築しながら課題を共有し、ともに解決していくことができる力なのです。

第2節　保育の質の向上

1　PDCAサイクルによる保育の質の向上

1——PDCAサイクル

　子どもの最善の利益を保障し、最善の育ちを支援するためには、保育の質を少しでも高いものにする必要があります。しかし、ただ「保育の質を高めよう」と漠然と頑張るだけで保育が向上するわけではありません。保育の質が向上するよう、保育の過程を意図的・計画的にデザインしなければなりません。この過程を「PDCAサイクル」として考えることが、1つの有効な方法なのです。

　PDCAサイクルとは、組織マネジメントなどのサイクルとして示されるもので、P-D-C-A（Plan-Do-Check-Action＝計画-実践-評価-改善）の4つの要素からなります。

PDCAサイクルにおいては、子どもの育ちへの理解を踏まえて目標に基づいた計画が立案され、次にその計画に基づいて実践がなされ、その結果を目標に照らして省察・評価し、さらにその結果を受けて改善に取り組みます。ここで重要なことは、1つには、このサイクルが一周で完結しているものではないということであり、2つには、特に出発点がPで到着点がAであると定められているわけではないということです。このサイクルは不断に繰り返され、また同じトラックを周回するのではなく、らせん状に上昇していくと考えるとよいでしょう。PDCAサイクルの過程を通じて、保育の質が向上していくという仕組みです。

　注意しておかなければならないことは、PDCAサイクルという概念が、人工的な構造に実践を分断して放り込むようなものではなく、私たちが実際に行っていることを、目に見える過程として分節化して、自覚的、省察的に保育の質を向上させやすくするための理解の方法であるということです。

2——PDCAの方向性を導く目標管理

　PDCAサイクルは、漫然と回転しているものではなく、一定の方向性をもってその過程が進められるものです。一定の方向性とは、幼稚園や保育所、認定こども園などの施設がそれぞれ組織としてもっている、価値、目的、目標やねらいなどを指します。何をめざして保育しているのかという根本的な問いがなおざりにされると、このサイクルは迷走し、らせん状の向上など望めなくなってしまいます。

　具体的に言うと、園の保育の理念や目標です。園の目標を明確にして、目標にしたがってカリキュラムを構成して実践を進め、目標に照らして評価するという仕組みが不可欠です。こうした方法を「目標管理」と呼びます。目標管理によって、それぞれの立場のそれぞれの人の多様な価値を含みながら、一人一人の保育者の保育についての価値観や実践の方向性、園としての保育や経営の方向性、保護者や地域との連携の方向性が1つの方向にまとまっていきやすくなるのです。

2 　保育者の学習の基盤

1──ダブル・ループ学習

　普通、私たちが振り返る、反省するという際には、「ああすればよかった、こうすればよかった」と、行為や計画など目に見える部分を見直すことにとどまりがちです。それにももちろん大きな意味がありますが、より適切に省察するためには、私たちがすでにもっていて当たり前になってしまっていて普段は省みることのない枠組みやものの見方・考え方などにさかのぼって見直してみる必要があります。

　こうした過程は、アージリス（C. Argyris）の「ダブル・ループ学習」という概念で説明できます。「シングル・ループ学習」は、表面的なことの振り返りにとどまりますが、ダブル・ループ学習はより深く、自分自身の子ども観や保育観をも問い直す営みです。その過程で、失敗や課題（ミスマッチ）を振り返るだけでなく、うまくいったことや長所についても、なぜそれがうまくいっているかを省察すると、よいところを伸ばし、広げていくことができるでしょう。図3－1は、アージリスの概念図に、うまくいった場合（マッチ）にも振り返るループを加えたものです。

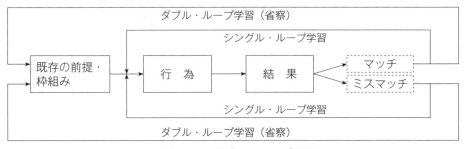

図3－1　ダブル・ループ学習

2──根拠に基づいた保育

　専門家として保育の質を向上させるために保育を省察して学習を進めていくにあたっては、実践や省察のよりどころとなる根拠が必要です。ここで言う根拠とは、専門家の間で共有され、クライアントに説明可能な言葉だと考えてよいでしょう。

安梅勅江[4]は、専門職に必要なこととして、①プロ魂（プロとしての哲学（考え方））と、②プロ技（プロとしての知識と技術）を挙げています。プロ技とは、「『科学的な根拠』と『経験的な根拠』に裏付けられた豊かな知識と技術」です。本章で強調してきた「ディープスマート」などの経験知だけでなく、科学的に証明された科学知が加わってこそ、「プロ技」が成り立つのです。またプロ技を支えるのは、「プロ魂」です。これは「『どんなときでも子どもと保護者の最善の利益を守る』という強い信念」です。

信念と根拠があってこそ、省察が効果的になされ、PDCAサイクルが有効に働くのです。

3 | 保育の質の組織的な向上

1──保育者の協働

保育者は、一人で仕事をしているわけではなく、通常、組織の一員として職務にあたっています。また、保育者は常に自身に課題を抱えた、成長の途上にある存在です。したがって、チームワークにより、お互いの足りないところを補い合い、長所を発揮しあって、保育実践を園の組織全体としてよりよいものにしていかなければなりません。

子どもの最善の利益を保障できるという意味で、活力があり生産性の高い職務を行っていくためには、「協働」（collaboration）と「同僚性」（collegiality）が必要です。これらの概念は近年、学校組織に関連して示されているものですが、以下では保育施設と保育者に置き換えて説明してみます。

「協働」とは、「保育所及び保育者に課せられた保育課題をより効果的・効率的に達成していくために、保育者が同僚と協力的・相互依存的に関わり合うこと」です。ハーグリーブズ（A. Hargreaves）による同僚教師間の関係性による教師文化の4分類[※1]のうち、「家族的なまとまりのある雰囲気が醸成されているものの、決してぬるま湯的なものでなく、教師相互の開放性・信頼性に支えられた相互依存的で改善志向的な協働を志向する」ものが「協働文化」です[5]。

※1 「協働文化」のほかに、相互不干渉主義による「個人主義の文化」、派閥による対立葛藤がある「分割主義の文化」、命令にしたがうため協働の自発性が弱い「企てられた同僚性の文化」があります。

2──保育者の同僚性

「同僚性」とは、かみくだいて言えば「問いかけ合い、高め合い、支え合

う同僚関係」と考えてよいでしょう。リトル（J. W. Little）の研究によると、改善や改革を進めることに成功した学校の教師集団には「同僚性の規範——教師相互の成長と改善を志向する頻繁かつ厳しい相互作用を当然視する規範」が見られます。具体的には、「①授業について日常的に話し合う、②授業設計・教材開発・教育方法開発を共同で行う、③同僚の授業を観察し合う、④新しいアイデアや実践方法などについて同僚間で相互に教え合う」といった営みを見出しました[6]。

こうした組織的な営みは、省察を通じたダブル・ループ学習を、組織レベルで行うということです。個人として学習し成長していくだけでなく、組織全体として、学習し、成長していくことがよりよい保育につながっていきます。

保育者がそれぞれ個性を発揮してさまざまな人材により豊かな園生活を創り出していくことは大切です。しかしその前提として、保育の理念や方針を共有して互いに高め合いながら、組織として保育を営んでいくことがとても重要です。子どもが方針の異なる保育者それぞれの顔色をうかがって気を遣うような無駄なエネルギーを費やすことなく、安心して自分を表現し、学び、成長するために、存分に日々の生活を生きていくことを保障していかなければなりません。

第3節　保育の専門性と倫理性——全国保育士会倫理綱領から——

1　倫理綱領の基本的な考え方

→2　倫理綱領
専門職の要件として、公共性と社会的責任、専門的な知識と技術、高等教育における養成、自律性の保障、専門職団体を組織していることなどと並んで、社会的責任を自律的に統制する倫理綱領をもっていることが挙げられます。公権力に押し付けられたものではなく、専門職団体によって自律的に策定されるものであることが重要です。

保育者の倫理は、保育者の専門性の最も基盤にあって、専門家としての信念を形づくるものです。

専門性の要件の1つは、その職業集団独自に制定された倫理綱領[→2]の存在です。そこで保育者の倫理を考えていくにあたって、「全国保育士会倫理綱領」を検討していきます。

児童福祉法の改正による保育士資格の法定化にともない、その社会的責務を心にとめて職務にあたるために、社会福祉法人全国社会福祉協議会・全国保育協議会・全国保育士会において「全国保育士会倫理綱領」が採択されました（2003（平成15）年2月26日）。ここでは保育士に限らず、幼稚園教諭も含む保育者全体に共通するものとして理解しましょう。

全国保育士会倫理綱領

　すべての子どもは、豊かな愛情のなかで心身ともに健やかに育てられ、自ら伸びていく無限の可能性を持っています。
　私たちは、子どもが現在（いま）を幸せに生活し、未来（あす）を生きる力を育てる保育の仕事に誇りと責任をもって、自らの人間性と専門性の向上に努め、一人ひとりの子どもを心から尊重し、次のことを行います。

　　私たちは、子どもの育ちを支えます。
　　私たちは、保護者の子育てを支えます。
　　私たちは、子どもと子育てにやさしい社会をつくります。

（子どもの最善の利益の尊重）
1. 私たちは、一人ひとりの子どもの最善の利益を第一に考え、保育を通してその福祉を積極的に増進するよう努めます。

（子どもの発達保障）
2. 私たちは、養護と教育が一体となった保育を通して、一人ひとりの子どもが心身ともに健康、安全で情緒の安定した生活ができる環境を用意し、生きる喜びと力を育むことを基本として、その健やかな育ちを支えます。

（保護者との協力）
3. 私たちは、子どもと保護者のおかれた状況や意向を受けとめ、保護者とより良い協力関係を築きながら、子どもの育ちや子育てを支えます。

（プライバシーの保護）
4. 私たちは、一人ひとりのプライバシーを保護するため、保育を通して知り得た個人の情報や秘密を守ります。

（チームワークと自己評価）
5. 私たちは、職場におけるチームワークや、関係する他の専門機関との連携を大切にします。
　また、自らの行う保育について、常に子どもの視点に立って自己評価を行い、保育の質の向上を図ります。

（利用者の代弁）
6. 私たちは、日々の保育や子育て支援の活動を通して子どものニーズを受けとめ、子どもの立場に立ってそれを代弁します。
　また、子育てをしているすべての保護者のニーズを受けとめ、それを代弁していくことも重要な役割と考え、行動します。

（地域の子育て支援）
7. 私たちは、地域の人々や関係機関とともに子育てを支援し、そのネットワークにより、地域で子どもを育てる環境づくりに努めます。

（専門職としての責務）
8. 私たちは、研修や自己研鑽を通して、常に自らの人間性と専門性の向上に努め、専門職としての責務を果たします。

　　　　　　　　　　　　　　　　　社会福祉法人　全国社会福祉協議会
　　　　　　　　　　　　　　　　　　　　　　　　全国保育協議会
　　　　　　　　　　　　　　　　　　　　　　　　全 国 保 育 士 会

前文では第一に、「すべての」子どもに対する、愛情に満ちた健やかな育ちを保障することと、「自ら」伸びる「無限の」可能性がうたわれています。実際の保育の場にはさまざまな子どもたちがいます。あなたに笑顔で駆け寄ってくる子どもだけではなく、反抗的な子ども、反応しない子ども、近寄って来ることができない子ども、また、家庭環境もそれぞれ異なっており、心身の発達も、同じ年齢でも多様です。こうした「すべての」子どもの育ちを平等に、最大限保障しなければならないのです。また、子どもが「自ら」伸びる「無限の」可能性を信じることによって、子どもに辛抱強く、着実に関わっていくことができます。子どもへの期待度が低いと、私たちは、それに応じたほどほどの関わりしかせず、したがって、子どもの育ちが十分に保障されないということが起きます。

　この構えは、保育者にとってきわめて重要です。また大きな責任がともないます。したがって、この大切な仕事に「誇り」と「責任」をもち、保育者自らが、「人間性」と「専門性」の向上に努めなければならないのです。保育者としての専門的な知識・技術はもちろんのこと、多様な子ども、多様な保護者に対応し、他のスタッフと協働しながらすぐれた保育を進め、また、子どもたちのよいモデルとなるために、人間性の向上も求められるのです。

　さらに、一人ひとりの子どもを「心から」尊重するという姿勢がうたわれています。子どもを形式的に平等に扱ったり、表面的にほめたりするのではなく、子どもの一人ひとりについて、それぞれ価値のある大切な存在として、丁寧に向き合うことが求められます。よく、子どもが好きであることが保育者の要件だと言われることがありますが、自分になついてくる子どもだけが好きなのでは、あるいは仲良く話しやすい保護者とだけ関わりたいようでは、保育者の務めを果たすことができません。専門家として、すべての子ども一人ひとりの存在にかけがえのない価値を感じながら、その一人ひとりに真摯に向き合い、一人ひとりに最大限の育ちを保障する、そのために努力するという姿勢があれば、どの子どもも変わらず大切で、かわいく、愛すべき存在となるはずです。

　次には、子どもの育ちを支えること、保護者の子育てを支えることに加えて、「子どもと子育てにやさしい社会」をつくっていくことが宣言されています。保育者は専門家として、目の前の子どもや保護者に関わるだけでなく、子どもがその中で育つ、また保育者の仕事の前提となる、社会のあり方にも目を向け、その改善について考えたり、意見を表明したりしていかなければならないのです。子どものそばにいる保育者だからこそ子どものことがわかり、子どものために発言していけるのです。

表3-1　全国保育士会倫理綱領の構成

倫理綱領の5つのレベル	全国保育士会倫理綱領の事項	
①専門職としての行動原理	子どもの最善の利益の尊重	
	子どもの発達保障	保護者との協力
②利用者、子どもとの関係に関する倫理	利用者の代弁	
	プライバシーの保護	
③所属機関における業務の改善努力	チームワークと自己評価	
④行政や社会との関係に関する倫理	地域の子育て支援	
⑤専門職としての責務	専門職としての責務	

　柏女霊峰（かしわめ　れいほう）は、この倫理綱領が出される前に、ソーシャルワーカー倫理綱領を参照しながら、5つのレベルから保育士の倫理について検討しています。①専門職としての行動原理、②利用者、子どもとの関係に関する倫理、③所属機関における業務の改善努力、④行政や社会との関係に関する倫理、⑤専門職としての責務です[7]。この視点から、まず、倫理綱領の8項目を分類して、その構成を確認してみましょう。①には〈子どもの最善の利益の尊重〉を頂点に、それを支える行動原理として〈保護者との協力〉、〈利用者の代弁〉があたります。②には子どもの可能性をより実現していく〈子どもの発達保障〉と、子どもの人権を守る〈プライバシーの保護〉が関わってきます。③は組織としての保育の質に関わる〈チームワークと自己評価〉、④は社会的な営みとしての〈地域の子育て支援〉、⑤は保育士としてのあり方に関わる〈専門職としての責務〉に対応します（表3-1参照）。これらの諸項目は、こうした分類をこえて、相互に深く関わり合っていて分断できるものでないことに注意してください。

2　倫理綱領の内容

　次に、倫理綱領の8つの項目それぞれについて検討してみましょう。

■1 子どもの最善の利益の尊重

　この項目は、倫理綱領の最も基盤にある精神と目的を表現しています。
　保育者はこのことを単なるスローガンとしてではなく、日々の実践において、一人ひとりの子どもの「最善の」利益を「第一に」考え、実現していかなければなりません。たとえば同じクラスを担当する先輩保育士が子どもの

意欲を損なうような明らかに誤った保育をしている場合、「この先輩は性格もきついし、感情的にギクシャクしたくないし、まあ別に虐待しているわけでもないから、適当に流しておけばいいか。子どももあと1年で卒園だし」と考えたとすると、この項目に抵触します。先輩の機嫌を損ねず自分を守る、子どもには悪いけれど我慢してもらう。つまり子どもの「最善の」利益は保障されていないし、それが「第一に」考えられてもいません。

だからと言って、正面切ってその先輩と戦えばクラスの雰囲気まで悪くなって、子どもの利益は保障されません。後述のチームワークにも関わりますが、他の保育者などと相談しながら、自身の考えや関わりも振り返りながら、子どもの最善の利益につながるよう解決していかなければなりません。

2 子どもの発達保障

子どもの最善の利益の尊重を具体化する営みの1つが、子どもの可能性を最大限に伸ばす努力です。

保育という乳幼児への関わりは、生命の保持と情緒の安定を援助する「養護」と、知・徳・体の発達の援助である「教育」が一体となったものです。保育者はこの営みを通して、健康と安全と心の安定という生きる基盤を保障し、その上で子ども一人ひとりの可能性を最大限に実現するよう努め、子どもに生きていく喜びと力を育まなければなりません。

3 保護者との協力

当然ですが、保護者には、さまざまな性格の人がいて、それぞれ多様な事情を抱えています。子どもにとって好ましくない保護者の状況が見られるときには、保育者は、一律の道徳的基準をもとに高みからお説教をするのではなく、あるいはそう考えるのではなく、子どもと保護者の置かれた状況や意向を受けとめて、その立場や気持ちに寄り添いながら、保護者との信頼関係と協力関係を築かなければなりません。そのことが子育てを支えることになり、子どもの最善の利益が保障されることになるのです。タテの「教化」ではなく、ヨコの「パートナーシップ」が重要です。

4 プライバシーの保護

プライバシーの保護とは、「保育を通して知り得た個人の情報や秘密を守る」という単なる実務上のきまりではありません。人に話したいけれど黙っておこうということではなく、子どもや保護者の立場に立って、ある情報や秘密を他の人たちに知られたり、目にふれさせたくないという心情に思いを

第3章 保育者の専門性

寄せて、一人ひとりの子どもと保護者のあり方を丁寧に尊重するということです。こうした、子どもや保護者一人ひとりの基本的な権利の尊重は、子どもをよりよく育む上での基本的な前提です。

5 チームワークと自己評価

　園での仕事は、組織的な営みです。したがって、組織としてその仕事の質を保証し、改善していく仕組みが必要です。

　優秀な保育者がいる園では、その保育者の影響でよりよい保育実践が広がりやすいと言えます。しかし、そのよい実践を共有し受け継ぐ仕組みがない場合、みんなが頼っていたその保育者がいなくなれば、たちどころにそれまでの保育の質が保証されなくなる恐れがあります。

　またある保育者が、園の考えはどうあれ自分が正しいと思う独善的な保育を行うなら、保育者によって方針が異なってしまうことになります。子どもたちは、この先生にはこう対処するといった世渡りや権威を見計らう術を学ぶかもしれませんが、自らの意欲や表現により自己を十全に発達させることができなくなってしまいます。かと言って、仲良し集団の馴れ合いによって専門的なレベルの低い保育を行っていても、子どもの最大限の育ちは保障されません。

　子どもを第一に考え、保育者間、あるいは他の専門機関も含めて真摯に対話を重ねて保育の質を向上させていくことが大切です。そのための仕組みとして、具体的に、できるだけ客観的な基準で自己評価を行い、それをスタッフ間で共有し、保育の質を高めていかなければなりません。

6 利用者の代弁

　代弁は、文字通り代わりに述べることです。近年日本にも広まってきた言葉ですが、アドボケイト（advocate）する、ということであり、それをする人をアドボケイター（advocator）と呼びます。保育者もアドボケイターの働きをもっています。

　子どもは、最善の利益が尊重され、最大限の育ちが保障されるという権利をもっています。しかし、乳幼児がそれを自覚的に理解して意見を表明するということは難しいことです。したがって、保育者がその専門的な視点から、子どもの真のニーズを理解し、受けとめ、子どもの代わりに意見を述べたり、課題に対処していったりする必要があります。また、おとなである保護者であっても、自らの真のニーズを見出すことは簡単ではありません。保育者は、保護者の言葉や行動から、その背後にあって保護者自身も十分に理解してい

ない、本当に求められていることを見出し、保護者に対してもアドボケイターの役割を果たさなければなりません。

この働きは、子どもの最善の利益の尊重にとってきわめて重要です。

❼地域の子育て支援

保育者は、在園児やその保護者だけでなく、地域の子育て家庭も支援します。ただしそれは、園が子育てのすべてを負うということではありません。地域の人々や関係機関と連携、協働しながら子育てを支援し、そのネットワークによって、地域で子どもを育てる「環境づくり」に努めるということです。またそのことを通じて、保護者の子育てをエンパワメント（力を引き出す）するのです。保育者には、かつて地域社会がもっていた、子どもを育む力をコーディネートする役割が期待されているのです。

❽専門職としての責務

この項目は、一人の保育者としてのあり方に直接大きく関わっています。

以上のようなさまざまな課題に対して、より適切に向き合って専門職としての責務をより高いレベルで果たしていくためには、研修や自己研鑽を通して、「常に」自らの「人間性」と「専門性」の向上に努めなければなりません。私たちは誰もパーフェクトではありません。だからこそ、成長する意志を放棄してはならないのです。

以上、倫理綱領について述べてきましたが、こうしたことを抽象的なスローガンに追いやってしまい省みることがないといったことがないよう、保育現場で生きて働く基準とするために、実践的に取り組んでいくことが大切です。

◆引用・参考文献
1）ドナルド・A・ショーン著、柳沢昌一・三輪建二監訳『省察的実践とは何か──プロフェッショナルの行為と思考』鳳書房　2007年（1983年）
2）ドロシー・レナード、ウォルター・スワップ著、池村千秋訳『「経験知」を伝える技術──ディープスマートの本質』ランダムハウス講談社　2005年（2005年）p.16
3）曽余田浩史・岡東壽隆編『新・ティーチング・プロフェッション──教師を目指す人へのエール基礎・基本』明治図書出版　2006年　p.38
4）安梅勅江編『保育パワーアップ講座（第3版）』日本小児医事出版社　2011年　p.5
5）Hargreaves, A. (1994) Changing Teachers, Changing Times: Teachers, Work and Culture in The Postmodern Age, OISE Press.
6）Little, J. W. (1982) "Norms of Collegiality and Experimentation: Workplace Conditions of School Success", American Educational Research Journal, 19 (3).
7）柏女霊峰『子育て支援と保育者の役割』フレーベル館　2003年

学びを深めるために2

「保育者の専門性」について、まずは素朴な印象を整理します。その後に、本章で学んだことをもとに整理し直すことによって、学び合い、学びを深めます。正解はありません。素人の素朴な知から専門知への変化を実感することがもう一つのねらいです。

Work1 本章を読む前に、皆さんが考える「保育者の専門性」について話し合ってみましょう。

　本章では、本文を読む前にまず、次に示すグループワークを行ってみましょう。
【用意するもの】
　模造紙、付箋紙
【グルーピング】
　4〜8人くらいのグループに分けるとよいでしょう。
【手順】
①保育者の専門性の要素をできるだけ具体的に、またたくさん付箋紙に書き出して模造紙に貼っていきましょう。
②話し合いながらそれらを分類し、数個程度の大項目に分けて大項目に見出しをつけましょう。
③どのような大項目が出てきたか、話し合った結果をグループ間で発表し合いましょう。

Work2 本章を読んだ後でもう一度、「保育者の専門性」について考えてみましょう。

　本文を通した授業の後で、Work1と同じワークを行ってみましょう。
【用意するもの】【グルーピング】はワーク1のままですが、模造紙は新しいものを用意しましょう。

【手順】
①授業を通して学んだことをもとに、改めて、保育者の専門性の要素をできるだけ具体的にたくさん付箋紙に書き出して、新しい模造紙に貼りましょう。
②話し合いながらそれらを分類しましょう。その際、ワーク１で出された付箋紙も合わせて新しい模造紙の方に分類し直し、それらの大項目に見出しをつけましょう。
③自分たちの見方がどのように変化したかについて簡単に感想を交わし合いましょう。
④保育者の専門性がどのような項目に整理され、またこのワークから何を学んだかについて、グループ間で発表し合いましょう。

第 **4** 章

保育実践における保育者の役割

　このテキストを手に取られている多くの方が、幼稚園や保育所、認定こども園といった法律で定められた公的保育施設で、将来子どもたちの先生になろうという気持ちをもっていると思います。それでは、公的保育施設の保育はどんな特徴があるのでしょうか。また、その特徴から、保育者には保育実践の中でどのような役割が求められるのでしょうか。

　本章では、まず集団保育を行っている公的保育施設の特色を考えます。その特色を踏まえ、遊びや一斉活動など、さまざまな保育の実践場面において保育者にどのような役割があるのかを考えてみましょう。

第1節　保育実践の特色と保育者の役割

1　公的保育施設における保育実践の特色

　この章では、幼稚園や保育所、認定こども園等の公的保育施設[1]（以下「園」と総称）における、日常の保育実践から保育者の役割を考えてみたいと思います。そのため、まずは保育実践を考える前提として、園における保育実践の特色を考えてみましょう。

1――集団保育

> [1]　**公的保育施設**
> 公的保育施設とは、公立・私立を問わず、法律の規定に基づいて設置される、乳幼児を対象とした学校及び児童福祉施設をいいます。この定義によれば、小規模保育所も公的保育施設となりますが、本章では幼稚園、保育所、認定こども園の3施設を特に指します。

　保育職をめざす学生の皆さん、また現場で保育をする保育者から「一人一人の子どもに目を向けて」「一人一人の子どもに応じた援助をしたい」という声をよく聞きます。こうした声は幼稚園教育要領で「幼児一人一人の特性に応じ」「幼児一人一人の行動の理解と予想に基づき」保育をすることや[1)]、保育所保育指針で「一人一人の子どもの状況」や発達過程に応じて保育をすることが求められています[2)]。このように、国が示す保育内容の基準では「一人一人」という視点が多く出されており、先に述べた学生や保育者の皆さんから「一人一人に応じた保育ができるようになりたい」という意見が出てくる源となっています。

　しかし、園の制度から考えたらどうでしょうか。幼稚園設置基準によれば1学級は35人以下と定められており、保育者は1学級に1名以上配置することとなっています。保育所においても児童福祉施設の設備及び運営に関する基準において0歳児でも3人につき保育者1名の配置となっています。このことからわかるのは、施設や年齢によりその比率に違いはあっても、園の保育は集団保育であるということです。

　このように園において、制度上集団を対象として保育をすることが想定されていながら、一人一人の理解と援助をするという、一見すると相反するようなことが保育者に求められています。

2――子ども理解と援助の両立

　幼稚園教育要領の幼稚園教育の基本において、「幼児一人一人の行動の理

解と予想に基づき計画的に環境構成をすること」と、「幼児一人一人の活動の場面に応じて、様々な役割を」果たすことが求められています[3]。すなわち、遊びや活動の状況を含めた子どもの理解と環境の構成、保育者の援助が求められているということです。では、こうしたことは容易にできるのでしょうか。子どもを理解するということは、子どもを見なければなりません。しかも、じっくりと見て十分な理解が得られるようにするには、子どもを見続けることができる状況が必要です。多くの子どもがいる中で、子どもたちに関わることと、上述のように落ち着いてじっくりと見るという状況をつくるにはどうすればよいのでしょうか。子ども理解と援助を同時にするということは、実は考えるとなかなか難しいですね。

このように、園での保育実践において保育者は、①集団保育をしていること（集団と個）と、②関わることと見ることの両方が求められるという、それぞれに相反する内容をもつ２つの役割が求められるのです。

2　集団保育で求められる保育者の役割

1── 関わること（＝見られること）と見ることの両立

前項で述べたように、保育者は、「遊びや活動に自ら関わる姿を通して遊びや活動を豊かにすること＝関わること」と「遊びや活動の中で子どもの様子を把握して理解すること＝見ること」を実践の中で両立することが求められます。それでは、この２つの役割をどのように両立しているのか、手遊びの事例から考えてみましょう。

事例４－１　朝の会①【ぞう組（５歳児 17名）：８月】

ぞう組では毎日荷物の片づけをしてから手遊びをします。ユカ先生が保育室に戻ると、すでに多くの子どもは座って手遊びが始まるのを待っています。片づけを終えて後から来た数名の子どもはまだ立っていました。ユカ先生は子どもたちと少し距離をとった位置にいすを置いて座り、楽しそうに手遊びを始めました。すると、立っていた子どもたちも先生の前に座り、先生を見て手遊びを始めました。

　次第に子どもたちとユカ先生の手遊びの動きと歌のリズム（大きさやテンポ）が一緒になってきました。その頃になると、ユカ先生は手遊びをしながら子どもたち全体に目線を配り始めました。手遊びをしながら、子どもたちに眼差しを向ける機会がだんだんと増えていきました。

　ユカ先生は子どもが集まりかけてきたところで、自ら手遊びを始めました。すなわち、「この手遊び（歌と動き）は楽しいよ」というメッセージを自らの動きで子どもたちに伝えようとしました。そのため、この時点では自分から子どもを見るというよりも、自身が楽しい姿をする（見せる）ことに努めています。こうした保育者の役割をモデルといいます。雑誌のモデルと同じで、この時の保育者の役割は、自らの歌や動きを通して手遊びが楽しいということを子どもが見て感じるように促すことです。
　「楽しいからやろうよ」といっても、子どもには具体的に楽しいイメージは伝わりにくく、**保育者がモデルとして関わり、子どもから見られることによってよく伝わります**。ユカ先生の動きがきっかけとなり手遊びを始めた子どもたちは、次第に動きや歌の大きさやテンポがそろってきます。これは、手遊びのリズムによって保育者と子ども、あるいは子ども同士の身体が同調

→2 身体的な響きあい
岩田は「ノリ」という概念について「関係的存在としての身体による行動の規定にあるリズム、およびその顕在の程度、すなわち、リズム感、または身体と世界との関係から生み出される調子、気分のこと」と定義しています（『現代社会における「子ども文化」成立の可能性─ノリを媒介とするコミュニケーションを通して─』風間書房　2007年）。しかし、園内研修会等では「身体的響きあい」と説明しており、本章では理解を促すためにこの表現を採用しました。

したり応答したりして、響き合っている状態です。こうした響きあいが出てくると子どもはまわりの人とのつながりを感じ、さらに手遊びの楽しさを感じるようになって、手遊びに集中していきます。このように子どもたちが手遊びに集中してくると、保育者は子どもにとって一緒に遊ぶ（響きあう）仲間の一人となり、子どもからの注目度が下がります。そのため、今度はユカ先生から子どもを見ています。

　この事例のユカ先生のように、遊びや活動を始める頃は、保育者の役割はモデルであり、目線も「子ども→保育者」となっていますが、子どもたちの同調・応答といった身体的な響きあい→2が見られるようになると、保育者は共同作業者（一緒に遊ぶ仲間の一人）となり、目線も子ども⇔保育者と見られる場面と見る場面が相互に入れ替わることが増えてきます。小川博久・岩田遵子はこれを「『見る─見られる』関係の反転」と呼んでいます[5]。子どもたちの同調・応答が高まり、遊びや活動が主体的かつ持続的に展開すると、「見る─見られる関係」を次第に反転させ、保育者は見られる（＝関わる）ことと見ることの両立が可能となるのです。

2──子ども理解と援助における集団と個の両立

事例4-2　朝の会②【ぞう組：2月】

　子どもたちは荷物を片づけると自分たちで集まって座るようになりました。ユカ先生が座り、手遊びを始めると同時に子どもたちの動きのリズムが同調するようになりました。2番3番と続く手遊びでも、ユカ先生の動きや声は以前より小さくなり、子どもたちの声と動きのリズムで手遊びが進んでいきます。手遊びが終わってから、ユカ先生は「ハルト君○○のところの手がかっこよかったよ」「カナちゃん歌っている声がきれいだったよ」など、個別に子どもたちの良かったと

ころを話す姿がありました。

　手遊びが終わってから、クラスみんなで『からすかずのこ』のわらべ歌遊びをしました。ユカ先生ははじめ1〜2回参加したのち、子どもたちから歌が始まることを確認して、輪からそっと抜けました。ユカ先生が抜けてからも子どもたちで遊びが続けられ、先生はにこやかな笑顔をしながら、遊んでいる子どもたちの様子を見ていました。

　事例4−2は2月になり、遊びやクラスの活動を通して子どもたちの響き合いとそれによる人間関係のつながりが深まっており、手遊びの場面でも子どもたちが手遊びのはじめから同調する姿が見られます。そのため、ユカ先生の動きや声は小さくなっています。このことは、事例4−1の8月と比べ、「見られる＝関わる」ことより「見る」ことに保育者の役割の比重が移っていることが伺えます。それは、手遊びの後に保育者が一人一人の手遊びの様子を具体的に褒める場面や保育者が一人一人の様子までしっかりと把握できていることからも明らかです。

　このように、子どもたちの同調性が高まると、保育者は全体の様子が見えてくるようになります。そして落ち着いて持続的に遊びや活動が続くようになると、次第にその中の一人一人の子どもの様子や子ども同士の関係まで捉えることができるようになります。

　手遊びの後のわらべ歌遊びでは、ユカ先生は遊びの輪から抜けて、完全に子どもたちを「見る」ことに役割を変えています。この状況になると、保育者は、全体の様子を捉えながらも、一人一人の子どもの状況やまわりとの関わりをじっくりと見ることができます。この状況は、保育者が完全に「見ること」に徹することができるようになったといえます。言い換えれば、子ども←保育者に「見る―見られる」関係が反転したのです。

　先にも述べたように、保育者はクラスなど集団全体の把握と援助をしなが

ら、一人一人の行動の理解と援助が求められます。事例に見られるように、クラスなど集団全体が安定して持続的に活動するようになり、保育者が遊びや活動から抜けてもよい状況になって、一人一人に対する理解や援助を行うことができるのです。

以上をまとめると、保育者は、以下の①〜③の順を追って、集団も個も理解し援助することが可能となるのです。

①集団全体の活動の大きな流れをつくり、活動が安定し持続的に展開するように促す。
②集団全体の活動の様子が見えてくるようになり、全体の様子を見ながらその状況に応じて関わる。
③保育者がいなくても集団全体の活動が持続し、保育者が一人一人の子どもをじっくりと見ることや、個別的な関わりが可能になる。

これまでの学びを踏まえ、手遊びの場面の映像記録等から保育者と子どもの姿のよいところを挙げてみましょう。具体的な視点は以下の通りです。
①保育者がどんな役割をしているか
②子どもの姿と保育者の役割との関係

それでは次に、本節で考えた集団保育における保育者の役割を、保育の中でどのように実践すればよいのかについて、具体的な環境構成、保育者の援助、子どもの理解を取り上げて考えてみましょう。

第2節　保育実践における具体的な保育者の役割

1　環境構成・保育者の援助・子ども理解の具体的手がかり

国の示す保育内容の基準では、いずれも子どもの主体性を大切にし、環境を通しての教育、遊びを通した総合的な保育を基本としています。そこで、集団保育の中で子どもの主体性を保障する環境と援助の基本的な視点と子ども理解のあり方について考えていきましょう。

1──環境

❶環境構成のポイントはモノ・人・空間

　保育所保育指針では「人、物、場などの環境が相互に関連し合い、子どもの生活が豊かなものとなるよう」計画的に環境を構成しなければならないとされています[4]。環境としては、上記3つの他、時間や自然・社会といったさまざまな事象、さらにはこうした環境のつながりから生じる雰囲気も含まれることがあります。しかし、日常の保育実践で保育者が具体的に構成する主な環境としてモノ・人・空間の3つがポイントとなります。

　なお、環境は自然環境や社会環境など幅広い概念です。保育所保育指針で「物」と表記されておりますが、本章では特に園の保育環境にある教材・教具や素材、設備など子どもが関わる対象としての物的環境を「モノ」と表記します。また「場」は単なる空間ではなく、空間の中に人がモノを使う状況が含まれ、本文中の遊びの拠点ととても類似する概念であることから、本章では「空間」と表記します。

❷拠点がつくられることが大切

　子どもが自ら遊びを選び、あるいは活動に参加するためには、「どこで、何をする（できる）か」を頭の中で理解している必要があります。遊びの場合において小川はこうした場所のことを「遊びの拠点」[6]といっています。遊びに限らずこうした拠点性は次のように説明できます。

　　拠点性＝環境＜モノ・人・空間＞＋ストーリー性（活動のイメージ・展開）

　拠点性はモノ・人・空間に活動のイメージや展開といったストーリー性が結びついて出てくるものです。つまり、それぞれの環境を使った見立てが出てきてつながることで、特定の活動のイメージが特定の場所で感じられるようになります。モノ・人・空間3つの見立ては全ての遊びや活動にありますが、各環境と見立ての強い結びつきのある拠点の例をまとめてみましょう。

（拠点例）	（環境）	（見立て）
製作	モノ	つくり見立て
ごっこ	人	フリ見立て
構成	空間	場の見立て

室内遊びの充実には３つの見立てが豊かであることが必要です。そのきっかけとして、上に示す「製作」「ごっこ」「構成」の３つの拠点が基本となります（図４－１参照）。なお、年齢ごとの拠点の考え方を以下に紹介します。

【３歳以上児の保育室の環境】
製作：ねらい・子どもの扱う状況に応じた材料・道具　（廃材）
　　（例）同じモノを使う：種類少・数多　共有して使う：種類増・数減
ごっこ：豊かなフリが出てくるために…
　　つくり見立てができる（子どもにとって可塑性のある）材料
　　人や空間の役割・イメージを豊かにするシンボル（衣装・看板・敷物等）
構成：ブロックや積み木の種類…子どもの力量を見極めて保育者が選択
【０歳児の保育室の環境】
　製作の作業やごっこのような模倣はまだ難しいので、保育者とやり取りできる拠点（おもちゃ、音の出るもの）や動きを楽しむ拠点（ボールや車等）を用意します。
【１～２歳児の保育室の環境】
ごっこ：毛糸やチェーンリングなどの材料、フリができる食器や道具
　　エプロンや帽子など役のイメージを明確にするシンボル
構成：ブロックなど…大きさや形など扱い方や使い方に応じたもの
製作⇒モノと関わる遊び：マグネット、紐通し、粘土、お絵かき、パズル

　なお、製作・ごっこ等で道具や材料の置き方は、種類・大きさ・用途の別など、子どもが使用するときにわかりやすく、取りやすいようにします。また、ごっこやブロック等の拠点は敷物を敷くと空間がはっきりします。
　戸外遊びでは、遊具や中央のオープンスペース等特定の空間が拠点となりやすいのですが、その場合でも上述した拠点性がそこに出てくることが、活動の充実や継続につながります。
　　砂場：「つくって遊ぶ」遊びが生起する…製作、ごっこと同じ
　　固定遊具：人・空間の見立てが中心となる…ごっこと共通
　　運動遊び・伝承遊び：循環・応答という楽しさを生み出す動きが出る環境
　なお、一斉活動においてもモノ・人・空間およびそれを使うイメージが安定していると、子どもたちが活動にじっくりと取り組む姿が見られます。

3 「見る─見られる」関係を保障するモノ・人・空間の配置

　前節では、子どもと保育者の「見る─見られる関係」の反転が、集団保育をする保育者の「見ることと関わることの両立」と「集団全体と個の理解と

援助の両立」をする上で重要であると述べました。この2つに加えて「見る―見られる」関係により子どもが保育者の存在を常に感じられることも大切です。昔存在した子どもたちによる遊び集団の遊び場は、路地裏や寺社の境内など、おとなを近くに感じられる場所でした。子どもの主体的活動が持続的に展開するには、どこかで保育者の存在を感じられることが必要なのです。

それでは、環境構成の具体的なポイントを以下に挙げます。

【室内】

①中央の空間を空け、3つの拠点がバランス良く配置する

　　拠点の位置のバランスが偏ると、見え難さや賑わい感の偏重により子どもの不安感が高まり、持続的に活動することが難くなります。

②各拠点は壁や棚を活用してコの字型にし、中央に向けてオープンにする

　　他の遊びの子どもが横切るような動線を区切ります。拠点相互の「見る―見られる」関係が保障されるように棚等の高さや位置に留意しましょう。

③拠点のコの字の向きは、幅の長い面に対して平行な仕切りが垂直となるように設置することが望ましい

　　子どもは幅の長い方向に走ろうとする傾向があり、それを遮る方向に仕切りがあることで、部屋全体が落ち着いた雰囲気となるよう促すことができます。

【室外】

　天井や壁がないため、他の拠点の保育者や子どもの存在が感じにくく、にぎわい感が相互に伝わり難いため、中央にドッチボールやリレーなど動きがあって人数の多い遊びがあり、周囲の遊具等の拠点と相互に「見る―見られる」関係がつくられる状況を用意します。

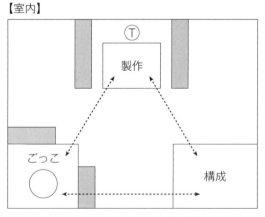
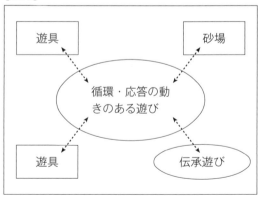

図4-1　保育室内と戸外の環境-「見る-見られる」の関係-

2——保育者の援助

1 基本的視点

　保育者の援助として考えるべき視点は3つあります。1つ目は第1節で述べたように、集団保育の実践者として**クラス全体と一人一人の子どもの援助及び見ることと関わることの2つの両立**をすることです。これは2つ目の視点である**子どもの主体性を促すこと**と表裏一体です。すなわち、事例4－1及び4－2で見たように子どもたちの同調・応答が高まっていくことで保育者は「見る―見られる」関係を反転させていくことができます。その前提である子どもの同調・応答の高まりは自らその活動をしたいと思い、同調・応答の中で自らしようとする子どもの主体性が不可欠です。したがって、「見る―見られる」関係の反転は、子どもの主体性の変化によって可能となると言い換えることができるでしょう。3つ目の視点は拠点性をつくり、高めるために、モノ・人・空間と遊びのストーリー性を自ら遊ぶ姿によって媒介することです。環境の項で示した拠点性の式の「＋」は、初めは保育者の役割なのです。この3つの視点を表にまとめると表4－1のようになります。

表4－1　子どもの主体性と保育者の役割の関係

子どもの主体性（環境との関わり）	保育者の役割	見る―見られる関係	保育者の関わりのポイント
低い（少ない）	モデル	子ども→保育者	見られる存在を意識して、身体の動きのリズムを自分から発信する　大きくゆっくり&オノマトペの活用
見え始める（自分から関わる）	共同作業者	子ども⇔保育者（入れ替わる）	子どもとの同調・応答や子どもの動きをまねるなど子どもと身体の動きで響きあう中で、子どもの様子が見えてくる
高い（積極的・創造的）	観察者	子ども←保育者	子どもたちだけで身体のリズムの響きあいが続いたり、モノ・人・空間でストーリーが展開されたりすれば、見る存在になる

2 言葉がけ

　言葉は動きのリズムの同調・応答やモノや空間、ごっこのイメージを明確にする働きがありますが、それは身体のリズムや環境と関わることとあわせてはじめてその効果を発揮します。

また、ごっこ遊びなどで、子どもに声をかけすぎてなかなか抜けられず困ったという実習生の話を聞きます。子どもの主体性・ストーリー性を引き出すため、時には「わからないな〜」「教えて」と言ってみることも大切です。

3──子ども理解

■1 集団保育の遊び場面で「一人一人」の理解はどうすれば可能か

集団保育の中で集団全体の理解も一人一人の子どもの理解もするためにはどのように考えるかはすでに第1節で検討しました。ここでは、拠点性の視点を入れて、遊び場面での「集団も個も」理解する方法をまとめます。

| 環境の構成（拠点性、見る―見られる関係の保障）＋保育者のモデル性 |
↓
子どもの遊びが拠点で展開されるようになる
↓
| 「どこで誰がどんなことをしているのか」クラスの全体状況が見えてくる |
↓
援助の優先性・援助の方法の妥当性が高まる
↓
遊びの拠点における子どもの遊びが持続してくる
↓
| 遊びの中の個々の子どもの姿・逸脱している子どもの様子をしっかり見る |

■2 遊びの読み取り

子どもの主体的な活動である遊びが充実しているかどうかを考えるとき、次の点が重要です。イラストの左右を比べて考えてみましょう。
　(1) **手と目の協応があるか**
　(2) **秩序感があるか**
　(3) **遊びのシンボルがあるか**
　(4) **子ども同士の同調・応答の関係があるか**
　(5) **保育者がいなくても(1)〜(4)などの状況を持続して遊んでいるか**

保育者がいなくてもこの状態が続く

保育者がいるときは遊び始めるが、離れるとイラストの状態になる

2 　遊び場面における保育者の役割

　それでは、第1項で学んだことを具体的な事例で考えてみましょう。

　事例4−3　保育室での好きな遊び【ゆり組（5歳児 24人）：11月】

　　製作コーナーでは、ハルトやユウが廃材を使ってカメラや車を作っています。そばでは、子どもたちが4〜5名いすに座って、道具や材料を見ながら積み木から必要なものを一生懸命作っています。ごっこコーナーでは、サヤカやカナ、タクミが中心になって粘土で形を作り、フライパンで調理のフリをしながらパンケーキやドーナツづくりをしています。3人はエプロンとコック帽をしていますが、後から来たミナミ、ユノ、ケントは何もつけずに遊びに参加していました。大型積み木は先々週の途中から2つに分かれ、コウタ、ジュンヤ、ユミ、アイリを中心に積み木を組み立ててアイスクリーム屋さんを作り、ジュンヤを中心に看板やメニュー札を積み木につけ、ユミとアイリがリーダーとなってコーンやアイスを製作コーナーと行き来しながら準備しています。もう1つの大型積み木はたこ焼き屋さんで、マサキがお祭りに行った経験をもとに、タクヤ、リノ、マリナ、シンヤ、ツバサなどが「たこやきや」とこちらも紙で看板を作って積み木に貼り、たこ焼きやその受け皿を製作コーナーやお店で作って遊んでいました。

　　担任のサトコ先生ははじめ、製作コーナーに壁を背にして座り、たこ焼きを作りながらしばしば他の遊びの様子に目を向けていました。10分くらいして、製作コーナーにいる子どもたちが皆、自分の作りたいものを作っている様子を確認すると、自分の作ったたこ焼きをもって立ち上がり、そのままたこ焼き屋に行ってマサキにたこ焼きを「できあがったので、お願いします」と言って渡し、ごっこコーナーに向かいました。「ピンポーン、お邪魔してもいいですか？」と言いな

第4章　保育実践における保育者の役割

がら子どもと自分の靴をそろえてごっこ遊びに入ると、サトコ先生は壁を背にして座りながら、サヤカに「どうやって作るの」「先生もエプロンと帽子がほしい」と話しかけました。サヤカが「帽子は３つしかないの」というとサトコ先生は「え〜、どうしよう」と困った表情。するとタクミが「作ればいいよ」と言ったことがきっかけで、「わたしも作る」と言う帽子のなかったミナミたちも参加し、製作コーナーでサトコ先生と帽子を作りました。その後、サトコ先生と６人の子どもで粘土のパンケーキをたくさん作り、リノの発案でアイスクリーム屋やたこ焼き屋にデリバリーをして遊ぶようになりました。

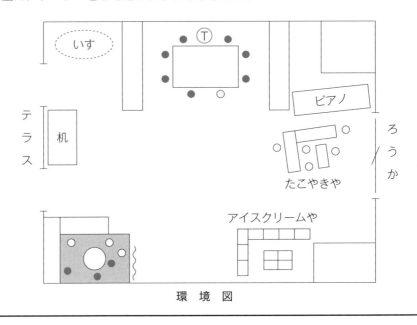

環境図

→3 共通言語
同じ言葉でも人によって捉え方が違い、同じ状況でも言葉にすると人によって異なります。その結果、互いに伝えたい内容を十分に理解できないことがあります。保育の振り返りや話し合いで使うキーワード（キー概念）とその意味を職場や話し合いの参加者で共有することで、お互いの気づきや意見に対する理解、共感性が高くなります。このようなキーワードやキー概念を共通言語といいます。

事例をもとに、第１節の内容や太字の語句をキーワード（共通言語→3）として、以下の内容について話し合ってみましょう。

①ゆり組の環境を見て、よいところを挙げてみましょう。

【参考】３つの拠点の発展や季節の遊びのコーナーが、３つの拠点とは別に出てくることがあります。この事例ではたこ焼き屋さんです。その場合は、中央と３つの拠点相互の「見る―見られる」目線のラインを避けて、場所を設定します。なお、こうした場所は空間のイメージが失われやすいので遊び出しで子どもが場所を用意することで、空間のイメージを強めるなどの工夫をしましょう。

②遊びの各拠点について、遊びが充実しているかを考えてみましょう。
③サトコ先生がごっこに入った理由を考えてみましょう。また、入ってからの援助で大事だと思うことを挙げてみましょう。

3 | 手遊びの場面における保育者の役割

1──保育場面の特色と手遊びの意義

　手遊びの場面は子どもと保育者が向き合って座っているという環境上の設定があるため、複数の活動が同時進行で行われる遊び場面と比べて、子どもと「見る―見られる」関係やその反転について実践しやすい場面です。実践者がモデルとしての動きを習得する上でも、あらかじめ決められた歌と身振りがあるため、事前の練習や実践の見通しがもちやすいという利点もあります。岩田らは手遊びがこうした保育者の役割取得の修練となり得る[7]と述べています。保育実習等で初期の部分実習に手遊びの場面が設定される理由はこうしたことがあるのかもしれません。

　また、家事労働が省力化や消費の拡大により効率化される中で、おとなと子どもがリズムをそろえて一緒に作業をする機会が大きく失われています。その結果、まわりの人と一緒にリズムをそろえて（つまり同調・応答して）活動する楽しさや喜びを経験しないまま入園する子どもが増えています。近年クラスが落ち着かないという悩みは小学校の学級崩壊も含め、こうした同調・応答といった身体が響きあい、その結果楽しかったという経験の喪失にあるのではないでしょうか。その点でも、手遊びは子どもの人間関係やクラスづくりに重要な役割をもつようになってきていると思います。

2──手遊びの場面における環境

　手遊びの事例や保育者の関わりは第1節で紹介しましたので、ここでは手遊びの時の環境について紹介します。

　手遊びの場面では、身体の響きあいを促したいので、身体を近づけやすいよう、いすではなく床に直接座るとよいでしょう。1～2歳のクラスではマットを敷いたり、年齢・月齢に応じていす等を使ってもよいでしょう。

　また、複数担任の場合、前に座る保育者以外の人の配置も重要です。もし、プラス1人なら前に座る保育者の正面に座り、プラス2人以上なら保育者で子どもたちを囲うように座ります。保育者同士の響きあいの内側に子どもたちが座っているように配慮することで、子どもたちの身体のリズムがより一層響きあうようになります。

　なお、保育者の座る位置は、集っている子どもたち全体と「見る―見られ

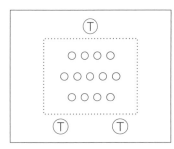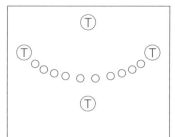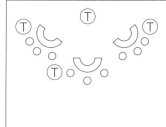

図4-2　複数担任のときの配置（フォーメーション）

る」関係ができるよう、子どもたちから少し間をおいて、集まった子どもたち全体を視野に入れられる位置に座るとよいでしょう。

4　当番活動における保育者の役割

1──保育場面の特色と保育実践を読み解く理論的視点

　当番活動も、一斉活動という点においては、手遊びと共通するところがたくさんあります。たとえば朝の会の当番活動を考えてみましょう。保育者が進行する場合、手遊びと同様、集って座る子どもたちの前に保育者が座って子どもたちと向き合う状況で行われます。これが、当番活動になると、子どもが保育者と入れ替わって、当番の子どもを中心にクラスを運営することになります。そこには、これまで見てきた子どもと保育者の「見る─見られる」関係の反転があります。そのことを事例から考えてみましょう。

事例4-4　当番はいても先生が中心に進める朝の会【4歳児：5月】

　4歳児に進級し1か月が過ぎ、当番活動が始まりました。朝の会では当番の紹介の際に、前に出て自分の名前を言ったり、「頑張ります」と宣言したりしますが、朝の会自体の進行は担任のユキ先生が行っています。

事例4-5　当番と先生と一緒に進める朝の会【4歳児：1月】

　秋に年長児との縦割り保育を経験し、子どもたちの中でも「自分たちで朝の会をやってみたい」という気持ちが芽生え始めました。4月当初から朝の会の進行のセリフは変えずに行っていたため、子どもは先生が次に何を言うのかをおおむ

ね理解しています。しかし、前に出ると緊張して話せなくなる子もまだ多いです。そこでユキ先生はセリフを少しずつ、当番の子と一緒に言うことで朝の会を進めるようにしました。その後、少しずつ当番が言うセリフを増やしていきました。

事例4－6　当番が中心となって進める朝の会【年長児：7月】

　年長に進級し、子どもたちはほとんど自分たちで当番の役割を果たし、当番の子の「は〜い」「立ちましょう」といった掛け声で子どもたちが歌ったり行動したりするようになりました。ユキ先生は子どもたちが不安そうなときには横に来て小さな声で教えたり、一緒に言ったりしますが、子どもに自信がありそうなときや他の子どもが教えてあげているときには、前列の子どもの横で当番や他のクラスの子どもの様子を見ています。

事例4－7　当番が自信をもって進める朝の会【年長児：10月】

　運動会などの経験を経て、子どもたちだけで遊びを楽しむことができる様子が増えてきました。朝の会も、当番の子どもがほとんど進めています。質問コーナーでだれを当てるのか、給食の時手洗いをどのグループから行ってもらうかなど、

決められたセリフを言うだけでなく、自分たちで考えて進めています。ユキ先生は、子どもたちの後ろから、当番やクラスの子どもたちの様子を見ています。

2── 事例から読み取る保育者の役割の変化

　事例4－4の時は、当番活動が始まったばかりであり、朝の会の進行などはユキ先生がしています。この時のユキ先生は、子どもたちに、朝の会など当番のモデルを示しています。後に子どもたちにその役割を譲ることを想定しているからこそ、年度当初からセリフを変えず、子どもたちがやるであろう姿と同じようにしているのです。しかし、事例4－5では子どもたちの横で一緒に当番のセリフを言うようになります。つまり、当番とリズムを合わせ、セリフを言う当番との共同作業が始まります。こうした共同作業の積み重ねにより、当番が次第に自信をもってできるようになると、事例4－5のように少し引いて見たり、横で一緒に言ったりします。事例4－5から事例4－6にかけて、次第に「見られる」から「見る」に反転する機会と時間が増えていったのです。そして、事例4－7ではユキ先生は完全にほかの子どもと同じ、すなわち「見る」側になっているのです。このように、クラス全体で活動する場面でも、子どもが主体的に活動するようにできるのです。
　ユキ先生のクラスでは遊びの時の環境設定、クラス活動の際の机並べ、トイレや手洗いなどの送り出しなど当番や子どもたちだけでしています。遊びと一斉活動など場面に区別なく、同調や応答など身体的に響きあう関係が子どもたちの中に成立すると、子どもは仲間と一緒にする楽しさを強く感じ、主体的に活動しようとする意欲が高まります。こうした状況になると子どもたちの遊びや活動は秩序感をもって（落ち着いて）持続的に展開されるようになります。子どもたちがこのような姿になるにつれて、保育者は子どもに

「見られる」＝子どもに関わることから「見る」＝子どもたちの様子を理解することに役割を反転させることができます。

この「見る」状況になって、ようやく個別の子どもへの理解と対応が可能になります。逸脱児や配慮が必要な子どもにじっくりと個別で対応するには、他の子どもたちが主体的かつ持続的に遊ぶことが必要なのです。逸脱児や配慮が必要な子どもにとっても、不規則な動きや秩序がない状況に不安を感じやすいため、クラス全体の安定が持続することが望ましいのです。加えて、会話など直接的なコミュニケーションが苦手な子どもも、興味のある手遊びでは、まわりの子どもと一緒に身体が響きあうこともあるのです[8]。

また、最近の保育現場では健康・安全や事故防止が強く意識されるようになりました。子どものけがや保育者のミスの多くは、慌てていたり落ち着かなかったりする状況でよく発生します。本章で述べた集団保育における保育者の役割は、子どもが自ら落ち着いた状況をつくっていくという点で、安全保育にとっても大事ではないでしょうか。本章が安全で事故もなく、子どもも保育者も笑顔になる保育実践の一助になることを願います。

◆引用文献
1）民秋言編集代表『幼稚園教育要領・保育所保育指針・幼保連携型認定こども園教育・保育要領の成立と変遷』萌文書林　2017年　pp.120–121
2）同上書　pp.152
3）同上書　pp.120–121
4）同上書　p.153
5）岩田遵子・小川博久「近代教育制度における教職実践の一方向性克服の試み―「遊び保育」における手遊び実践の意義―」『東京都市大学人間科学部紀要』6号　東京都市大学人間科学部　2015年　p.20
6）小川博久『保育原理2001』同文書院　1991年　p.148
7）前掲書5）pp.31–32
8）小川博久監修、吉田龍宏・渡辺桜『子どもも保育者も笑顔になる！　遊び保育のための実践ワーク～保育の実践と園内研究の手がかり～』萌文書林　2014年　pp.36–37

◆参考文献
小川博久『遊び保育論』萌文書林　2010年
岩田遵子『現代社会における「子ども文化」成立の可能性―ノリを媒介とするコミュニケーションを通して―』風間書房　2007年
渡辺桜『子どもも保育者も楽しくなる保育―保育者の「葛藤」の主体的な変容を目指して―』萌文書林　2015年
岩田遵子・小川博久「近代教育制度における教職実践の一方向性克服の試み―「遊び保育」における手遊び実践の意義―」『東京都市大学人間科学部紀要』6号　東京都市大学人間科学部　2015年
吉田龍宏・渡辺桜『子どもも保育者も笑顔になる　遊び保育のための実践ワーク～保育の実践と園内研究の手がかり～』萌文書林　2014年

学びを深めるために 3

集団保育を実践する保育者が、「関わる」ことと「見る」ことを両立するためのポイントを実践を通して考えてみましょう。

Work1 保育者として手遊びをやってみましょう。

　実際に子どもたちや受講者のグループに対して、手遊びをしてみましょう。同じ手遊びを2～3回繰り返す中で、「見る―見られる」関係の反転やモデル性、子どもとの位置関係などを考えて実践し、終了後、良かったところや工夫できるところを話し合ってみましょう。

　可能ならば、補助の保育者役を設定し、併せて実践してみましょう。

Work2 保育室の環境を考えてみましょう。

　対象とする年齢と月、クラスの人数などを決めて、保育室の環境を図面または実際の保育室等で構成してみましょう。

　その際、製作・ごっこ・構成で遊び（見立て）に必要な道具や材料・遊具を具体的に挙げ、棚等への置き方を、図に描いてみましょう。

Work3 保育実践の映像をもとにディスカッションしましょう。

　保育のビデオを見て、子どもの姿、環境、保育者の関わりについて、キーワード（共通言語）も活用しながら、良いところをグループで話し合いましょう。

第 5 章

特別の配慮を必要とする子どもたちと保育者の役割

　幼児教育・保育の場には、特別の配慮を必要とする子どもたちがいます。改訂された要領・指針においては、障害のある子どもたちだけでなく、日本語の習得に困難のある子どもたちや家庭環境の厳しい子どもたちなどに対する配慮の必要性が指摘されています。
　本章では、特別の配慮を必要とする子どもたちに対する理解と多様な子どもたちとむかいあう保育者の役割について学びを深めていきます。具体的には、支援児の困り感に寄り添う配慮や環境構成、同僚の先生との連携、保護者との協力などについてです。
　これらを理解することを通して、インクルーシブな保育・教育の観点を身につけることをめざします。

第1節　特別の配慮を必要とする子どもとは

1　障害のある子どもたちの理解と保育者の役割

　幼児教育・保育においては、障害のある子どもが他の子どもとの集団生活を通してともに成長できることや全体的に発達が促されることをめざす、統合保育が行われてきました。配慮の対象となる主な障害としては、発達障害、知的障害やダウン症、身体障害などが挙げられます。各障害についての基礎的な理解をもとに、それぞれの障害にむかいあう保育者の配慮や役割について示します。

1ーー発達障害の理解と保育者の役割

> ⇒1　発達障害
> 「自閉症、アスペルガー症候群その他の広汎性発達障害、学習障害、注意欠陥多動性障害その他これに類する脳機能の障害であってその症状が通常低年齢において発現するものとして政令で定めるもの」（発達障害者支援法第2条第1項）と規定されています。なお、本章ではDSM-5に準拠し、自閉症→自閉スペクトラム症、学習障害→局限性学習症、注意欠陥多動性障害→注意欠如・多動症と読みかえています。

　発達障害⇒1の主なものとしては、自閉スペクトラム症⇒2、注意欠如・多動症（ADHD）⇒3、限局性学習症（SLD）⇒4が挙げられ、幼児教育・保育の現場で支援の対象になっていることが多くあります。SLDは就学後に支援が必要になることが多いため、ここでは自閉スペクトラム症とADHDの2つの障害について、その状態像と保育者の役割を述べていくこととします。なお診断基準はアメリカ精神医学会のDSM-5[1)]に準拠します。

■1　自閉スペクトラム症

　自閉スペクトラム症の典型的な事例としては、以下のような姿が挙げられます。皆さんなら保育者としてどのような関わりや配慮が考えられますか。

> ⇒2　自閉スペクトラム症
> スペクトラムは連続体という意味で、重度から軽度まであることを指します。診断基準は、①複数の状況で社会的コミュニケーション及び対人的相互反応における持続的な欠陥があること（社会的コミュニケーションの面に難

　ユウマは年長クラスの男の子です。友達と遊んでいるときに自分の意見を押し通すことから、友達とトラブルになることがあります。自分の意見が通らないと興奮し大きな声を出したり教室を飛び出したりするということもしばしば見られました。

　たとえば、表現（製作）の活動では、教材を独占したり、製作したものでの遊びに無理矢理に友達を誘ったりしてトラブルになることも多く見られました。こだわりが強いため、周囲の友達と教材（材料等）の奪い合いになります。

しさがある)、②行動、興味、活動の限定された反復的様式があること(いわゆる「こだわり」とされる限定された反復的な行動様式が見られる)の2つです。またDSM-5では度合いをレベルとしてあらわし、自閉度に応じた支援の必要性が述べられています。

▶3 注意欠如・多動症(ADHD)
Attention-Deficit/Hyperactivity Disorderの略。文部科学省によると、ADHDとは「年齢あるいは発達に不釣合いな注意力、及び/又は衝動性、多動性を特徴とする行動の障害で、社会的な活動や学業の機能に支障をきたすもの」(下線筆者)、また、7歳以前に現れ、その状態が継続し、中枢神経系に何らかの要因による機能不全があると推定されるとしています。注意散漫さが目立つ不注意優勢型、衝動性が目立つ、多動・衝動優勢型、不注意と多動・衝動の両方ある混合型の3つのタイプがあり、自閉症と重複している場合もあります。

▶4 限局性学習症(SLD)
Specific Learning Disorderの略。話す・聞く・読む・書く・計算する・推論する、という能力のうち特定のものの習得と使用に著しい困難を示す状態をいいます。学習面ですので、乳幼児期には問題になりにくいのですが、文字や数字に対する興味・関心があまりない子どもの背景に、SLDのある場合がありますので、配慮が必要です。

自分の意見を押し通す

意見が通らないと、大きな声を出して部屋を飛び出してしまう

自分のものができあがると、無理矢理遊びに誘う

こだわりが強く、教材の奪い合いになる

　自閉スペクトラム症の子どもたちには、身振りや他者の表情から他者の気持ちを読み取ることに困難さのある子がいます。そのため、他者との関わりが一方的であったり、他者と興味や関心を共有したりすることに難しさのある場合があります。まず子どもにとって身近な人となり、1対1の個別の関わりを大切にすることで、人に対して安心して関われる工夫をしていくことが、保育者の大切な役割になります。保育者との関係を基盤として、他者との関係を徐々に広げていく中で、他者と関わることの楽しさや心地よさが感じられるようにすることをめざしていきましょう。1つの方法として、たとえば子どもの好きなおもちゃや興味・関心の高い絵本などを保育に取り入れることが挙げられます。

　また自閉スペクトラム症の子どもたちの中には、生活の中にある刺激に対して大変敏感に反応する子どももいます。たとえば大きな音が苦手であったり、雨が当たると痛いと感じたりすることもあるようです。こうした生活刺激から自身を守るために、安心できる物や行動パターンなどのこだわりを作

ると考えられるため、刺激を調整できる環境を設定することが保育者の配慮すべき点です。

❷注意欠如・多動症（ADHD）

ADHDの典型的な事例としては、以下のような姿が挙げられます。皆さんなら保育者としてどのような関わりや配慮が考えられますか。

4歳児のワタルは、基本的生活習慣は自立しているにもかかわらず、周りの人や物に気を取られ、片づけの途中で遊びに行ってしまうこともしばしばありました。友達への関心は高いため、よくちょっかいを出しますが、力が強すぎたり、衝動的に手を出したりしてしまうため、年少の時よりも他児とのトラブルが絶えません。制作活動では、指示された持ち物をもってくるのを忘れたり、やりたい気持ちが抑えられず、好きなようにハサミで切ってしまったり、色ぬりをしてしまったりということもありました。

しかし、大好きな描画の時間には、画用紙いっぱいにダイナミックな絵を描くなど、集中して取り組む姿が見られました。

お片付け中、気をとられて別の場所へ

友だちにちょっかいを出してトラブルに

はさみで好きなように切ってしまう

集中してダイナミックな絵を描く

幼児期のADHDの子どもたちの場合、生まれつきのADHDであることに気づかれず、やる気がないように見られたり、頻繁にトラブルを起こしたりしてしまうため、問題の多い子と思われてしまうことがあります。しかし実際には、子どもなりに先生の話を聞こうとし、友だちと仲良くしようとしています。その子なりに一生懸命やっているのですが、それがなかなか認められないために自信や意欲を失い、自己評価の低下につながっていることがあります。また注意や叱責するおとなやお友だちに対する反発心が強くあらわれることもあります。たとえば、子ども同士で起こったトラブルの原因をごまかそうとして、保育者や保護者に嘘をつくなどしてしまうことがあります。まずはその子どもなりに一生懸命に生活しているところを認めていくことが保育者の役割になります。

　ADHDのある子どもの自己肯定感を高めていくためにも、得意なところを見つけ、伸ばしていくことも大切です。自分のいいところに気づくことができると、子どもの自信につながっていきます。一方で苦手なところは効果的にサポートしていきましょう。具体的には、自閉スペクトラム症児と同じく生活刺激を減らして集中しやすくすることや、スモールステップ、タイマーを用いるなどしたメリハリのある環境づくりなどが挙げられます。こういった取り組みの中で、子どものがんばりが見られるときには、タイミングよくほめて、成功体験を増やしていくようにしましょう。

　ここまで自閉スペクトラム症とADHDの子どもに対する理解と保育者の役割について述べてきました。次に知的障害と身体障害について紹介します。

2──知的障害の理解と保育者の役割

→5　知的障害
「発達期に発症し、概念的、社会的、および実用的な領域における知的機能と適応機能両面の欠陥を含む障害」（DSM-5）です。知的機能については、ウェクスラー式知能検査（WISC）や田中・ビネー知能検査等によって確かめることができます。適応機能については、家庭や園、地域などのさまざまな環境において、日常生活における適応的な行動が限定されている状態、

　幼児期の知的障害→5のある子どもたちに配慮すべき点として最も大切なのは、その子の発達にあわせた働きかけをしていくことです。発達年齢にあわせた関わりが必要で、できるだけ具体的・実際的でわかりやすい伝え方が保育者に求められます。たとえば、○×形式で意思を確認したり、選択肢を示したり（例：イチゴとメロンどちらが好き？）といった工夫が挙げられます。また、活動の見通しがつきやすいように、スケジュールを視覚化したり、幼児の関心のある道具や用具などの教材に色分けをして場所をはっきりさせたりなどの配慮も必要です。ゆっくりとした活動になることが多いので、十分に活動の時間を確保し、保育者自身が焦ることなく子どもとむきあえる環境も大切です。

　さらにこういった取り組みを繰り返し行っていくことが大事になります。

実際の生活の場で定着していくことによって、知的障害のある子どもたちが興味をもって意欲的に取り組み、発達を一層促すことにつながっていきます。保育者は知的障害のある子どもと一緒に活動することによって、その子自らが達成感や充実感を味わいながら意欲を高めていくことが保育者の役割になります。

なお知的障害と重複することの多い障害として、ダウン症[→6]が挙げられます。知的障害とダウン症は診断の基準としてはまったく違うものなのですが、発達がゆっくりと進むという点では似ているところがあります。ダウン症の場合、体力面に課題のある子も多くいますので、健康面に配慮することが保育者に求められます。また人懐っこい子も多いので、ほめたり、頑張っていることに声かけしたりするなど、気持ちを盛り上げる関わりを意識しましょう。

> たとえば言語の理解ができなかったり、人との関係を築けなかったり、食べることや歩くこと・トイレ・着脱の動作ができなかったりすることが挙げられます。このような状態があるため、日常生活の中で成功体験の乏しい面があることを否めません。
>
> [→6] ダウン症
> 染色体異常による生まれつきの障害で、21番目の染色体が3本になっています。

3——身体障害の理解と保育者の役割

身体障害[→7]のある就学前の子どもの多くは盲学校や聾学校、医療型児童発達支援センターなどの療育施設に通っており、幼稚園や保育所、認定こども園（以下、「園」と総称）には通わないか、もしくは週に数回の併行通園をしていることがあります。園に身体障害のある子どもがいる場合には、一人一人の多様な障害の状態に沿った対応をしていくことになります。特に安全面に配慮し、ケガや事故の起こらない環境設定がなされていることが欠かせません。また同僚の保育者だけでなく、医療や看護、療育の関係者と連携しながら保育していきましょう。

加えて、身体障害のある子どもたちと他児とが交流できる活動を行えるようにしていきましょう。交流を通して、お互いに多様な子どもたちの存在に気づくきっかけになります。またできるだけ協同する活動を行っていくことで、単に出会うだけで交流を終わりにするのではなく、ともに尊重しながら協同して生活していく態度を育むことにつなげていきます。

そのときに課題となるのがコミュニケーションの面です。たとえば、これまでの筆者の観察の中で、言語障害のある口唇口蓋裂の子どもが他児とやりとりをする姿がありました。先天的な障害により滑舌がよいわけではありません。しかし、他児とブロック遊びをしようとしているのか、ブロックをもって何かを伝えようと、他児に向かって声を発している姿がありました。

このようなときに保育者はどのような配慮をしたらよいのでしょうか。ポイントになるのは関わりのタイミングです。子ども同士の関わりの浅い段階

> [→7] 身体障害
> 先天的または後天的に視覚や聴覚、肢体などの機能に障害のある状態のことで、視覚障害、聴覚障害、言語障害、肢体不自由の子どもたちなどが挙げられます。

であれば、保育者が両者の間の仲介をし、身体障害のある子どもの気持ちを周囲の子どもたちに丁寧に代弁していくことが求められます。逆に周囲の子どもの気持ちを身体障害のある子どもに伝えていくことも大切です。そのためには、保育者と身体障害のある子どもとの間に信頼関係をつくっていきながら、手話やICT[8]、視覚的援助など、コミュニケーションをとるための手立てが必要となるでしょう。

このように介入していく中で、子ども同士の関わりが生まれてくるようになれば、徐々に保育者は子ども同士でコミュニケーションが図れるように見守る対応も必要になってきます。時にはトラブルが大きくなり介入せざるを得ないときもありますが、子ども同士の交流の中で遊びが展開され、また問題や課題が解決されるように、環境や保育者の関わりを調整することが大切になってきます。

身体障害のある子どもと他児のコミュニケーションにおいては、ケガや事故の起こらないよう安全面に配慮し、コミュニケーションをとりやすくなるよう、その手立てに基づいた環境を整えること、加えて子ども同士の関わりの状況に応じて、介入と見守りのタイミングを保育者が見極めること。これらが保育者の役割として意識したいところで、身体障害のある子どもと他児とが協力しながら遊びや活動をすすめることにつながっていきます。

[8] ICT Information and Communication Technologyの略語で、「情報通信技術」と訳されています。近年は、情報や知識の共有・伝達といったコミュニケーションの面が強調されるようになってきました。主なICTとしては、パソコン、タブレットPC、電子黒板といった機器や、プリンタ、プロジェクタ、液晶テレビ、ディスプレイといった周辺機器などがあります。これらの機器を、障害特性や発達の段階等に応じて活用することで、指導や支援を充実させることが可能です。

2　気になる子どもの理解と保育者の役割

第1節で紹介してきた障害のある子どもたちに加えて、障害の診断はないものの、気になる子どもたちが保育現場にいることが昨今、指摘されるようになってきました。

気になる子どもについて具体的な定義があるわけではありません。しかし、1クラスの中に4～6名、気になる子どもがいるという報告[2]、また、富士宮市の「気になる子」プロジェクト・チームの調査によると、気になる行動をするとされる乳幼児は1～3歳を中心に、全体の10.38％いるという結果もありました[3]。落ち着きがない、友だちとうまく遊べない、クラスの活動に参加できない、ルールが守れない、会話になりにくいといった姿がクラスの中で見られる子どもが一定数いることが分かります。本章では、障害などの診断はついていないものの、同年齢の子どもと比べて集団活動やコミュニケーション面で特異な行動をとり、保育者が保育していく上で「気になる」と感じる子どもについて「気になる子ども」としています。

気になる子どもについて保育者が難しさを感じていることが2点あります。1点目は、その子の気になる行動の背景や原因を理解することです。理解することが難しい理由としては、第1に診断が早期に確定しない発達障害のあることが挙げられます。実際、乳幼児期では自閉スペクトラム症やADHD、SLDの診断は難しく、知的機能についてもいわゆるグレーゾーンとされる子どもがいます。背景には発達障害があるのかもしれないのですが、はっきりとした根拠のない理解の難しさにつながっています。第2に家庭環境に難しさがある場合で、保護者の仕事の関係等で、日常生活において十分な生活経験やコミュニケーションをする機会がなく、発達上の問題というより、経験不足が問題になっている場合があります[4]。
　このようにさまざまな背景があり得るのですが、気になるところがどの保育者にとっても同じというわけではありません。また園の方針によっては、ある園では気にならない子どもでも、違う園では気になる子どもになる場合があります。これは、保育所から幼稚園に転園してきた場合等にもあり得ることです。一人一人の保育者によって、何が「気になる」かが変わってきてしまいます。すると、同僚の保育者との共通理解が生まれにくくなってしまい、保育のつまずきになりかねません。
　ですから、保育者の省察が欠かせません。どうして「気になる」のかを保育者自身が整理し、自分の保育を見つめ直すことが必要になります。ただし1人で抱え込んでしまうと、視点も狭くなってしまい、気持ちも落ち込んでしまいます。そのようなときには、園長・主任をはじめ同僚の先生に相談してみましょう。よいアドバイスがもらえることでしょう。またチェックリストを活用して、漠然とした不安を具体化していくこともできます[5]。こういった省察や振り返りをしてみると、保育者自身がどんな困り感をもっているのか、子どもにどんな願いをもっているのかに気づいてきます。そして保育者にとって願わしい子どもの姿から逸脱したときに「気になる」という意識が生まれていることに気づきます[6]。保育者の願いとすれ違う子どもの行動は、その子自身の困っている気持ちのあらわれであるのかもしれません。その子が今どういう困り感を抱いて、この負の行動にでているかを問うことが保育者に求められています。
　保育者が難しさを感じる2点目は、どう集団の中で保育していくのかです。集団の中では、気になる子どもに対応するだけでなく、クラスを運営していくことも求められます。また複数担任や加配の先生がいる場合には、気になる子どもの対応やクラス全体への対応について、役割分担をしていくことが求められます。加えて、気になる子どもの保護者に園での状況を理解しても

らうことが難しく、家庭と連携した保育をしていくことに困難が生まれる場合もあります。こういった問題はすぐに解決できる類いのものではなく、日々の子どもや保護者と関わりを積み重ね、信頼関係を積み上げていくしかないものです。その上で、まずはクラスにいる保育者間同士で、気になるとされる子どもについてどのような配慮が必要なのか共通理解をしていくことが求められます。また保護者とも連絡を十分にとるようにし、園の活動の中でその子に頑張りが見られたところやその子らしく過ごせたところを共有するようにしていきましょう。

3 家庭環境に配慮の必要な子どもたちの理解と保育者の役割

1──日本語習得に困難のある子どもの理解と保育者の役割

　日本保育協会によると、2009（平成21）年時点で、50の自治体の保育所3,397か所に、1万3,337名の外国人の子どもたちが入所していることが報告され

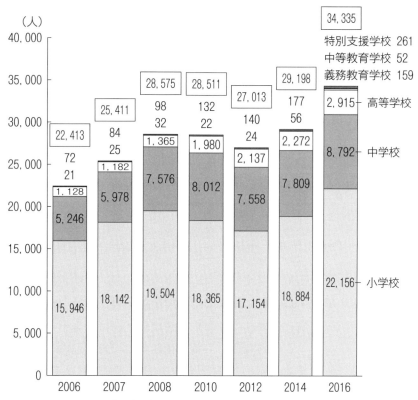

図5-1　日本語指導が必要な児童生徒の受入状況等に関する調査
出典：文部科学省「日本語指導が必要な児童生徒の受入状況等に関する調査」2016年

ています[7]。子どもの国籍は67か国にのぼり、ブラジル、中国・台湾・マカオなどの国籍の子どもが多くいるとされています。また2016（同28）年度の文部科学省の「日本語指導が必要な児童生徒の受入状況等に関する調査」（図5－1）によると、日本語指導が必要な外国籍の児童生徒数[→9]は3万4,335名、日本語指導等特別な指導を受けている者の数は、2万6,410名であることも報告されています[8]。

→9 日本語指導が必要な児童生徒
「日本語で日常会話が十分にできない児童生徒」及び「日常会話ができても、学年相当の学習言語が不足し、学習活動への参加に支障が生じており、日本語指導が必要な児童生徒」のことを指します。

このように、今日の幼稚園や保育所でさまざまな国籍や文化を背景にもつ子どもの存在は珍しくなくなりました。言語や習慣が異なる子どもがいること、そしてこうした子どもたちやその保護者への対応が保育者に求められています。

日本語習得に困難のある子どもの保育にあたって、課題となっていることが3つあるとされています[9]。1点目に、国籍が日本ではない子どもの母語の保持と日本語の習得にどう対応するかです。外国籍の子どもの保育を行うとき、保育者は日本の文化や園の環境に早く適応させることが必要と考え、日本語の習得に重きを置く傾向があります。その結果、日本語による日常会話には困らなくなったとしても、本来の母語がうまく話せなくなり、家庭でのコミュニケーションが困難になるケースもあります。実際、保護者の子育てに関する一番の不安や悩みは、子どもの日本社会への適応ではなく、母語の教育や母語の文化を学ばせることにあるという報告もあります[10]。このようなことから、保育者は子どもたちの園生活においては保護者の気持ちにも耳を傾け、また日本への適応に焦ることなく、子どもたちの母語の保持への配慮が求められます。

2点目は、異文化理解を保育実践へ発展させることに難しさのあることです。具体的には、食事や衣服、しつけ、生活習慣、健康、宗教など習慣の違いへの対応に難しさを感じる保育者がいます。これらの点について、保育者は日本の生活スタイルへの適応を求めてしまうところがあるのですが、宗教上の禁忌や子育て文化の違いから、保護者の要望との間にすれ違いが生まれてしまうことがあります。保育者としては、異文化についてできる限り理解をしていこうと努めているのですが、その文化を保育実践の中に取り入れていくことは、集団での保育をしていく中でなかなか難しいところです。日本の文化ばかりではなく、クラスに在籍する子どもの国籍の文化的習慣を紹介することも意識し、多文化共生の保育に配慮していくことが保育者に求められます。

最後に、外国にルーツのある子どもが幼稚園や保育所の文化に適応しながら、日本人の子どもたちとどのように関係をつくっていくのか、周囲との関

係作りに配慮していくことが保育者に求められるところです。日本人の園児の「国際児（両親が外国籍の子ども）」へのイメージを検討した研究があります[11]。その報告によると、国際児が園のきまりを守らなかったときに、保育者が「NO」や「ダメ」などのマイナス評価のみで対応した結果、その園にいる日本人の園児もその子を「悪い子」として認識してしまい、保育者と同様の対応をとる場合があることが分かりました。つまり、保育者の関わり方が、子ども同士の関わり方や関係性に影響を与えるといえます。日本語習得に困難のある子どもたちの園での生活は、保育者の関わりや態度が大きく働いていることを意識しましょう。

2 ── 家庭環境の厳しい子どもの理解と保育者の役割

家庭環境の厳しい状況にある子どもたちの存在が昨今注目を集めています。ここでは、児童虐待[→10]を受けている子どもたちと貧困の状態にある子どもたちを取り上げます。家庭環境が厳しい状況にあるとしても、子どもの最善の利益をめざして、園の同僚となる先生との協力のみならず、地域の関係機関との連携をしながら、サポートしていくことが必要です。

1 虐待を受けている子どもの理解と保育者の役割

虐待に対しては少しでも早く発見し対応することが何よりも重要となります。虐待が進むと、子どもに危害が加えられるだけではなく、問題が複雑化したり、さらに親子関係が悪化したりするなど、その後の関係修復が困難となるためです。また子どもの命を守っていくためにも早期発見は欠かせません。保育所等は地域に最も身近な児童福祉施設として、児童虐待を発見しうる立場にあります。保育者には児童虐待の早期発見に努めるとともに、園の主任や園長に報告・相談し、児童相談所などの専門機関との相談、連携につなげていくことが求められます。1人で抱え込まないことが重要です。

一方で、虐待が起こらないように未然に防いでいくことが本来求められるところです。地域子育て支援が保育者の役割として強く求められています。その中で最もポイントになるのは、保護者の育児不安を解消していくことです。保護者が子育てで本当に苦しんでいるときに支援の手が差しのべられていれば、虐待に至らずにすむことも多くあります。特に初めて子育てをする若い保護者にとって、自身の気持ちや悩みを話せる場のあることが、多少なりともストレスが緩和されることにつながります。時には関係がなかなかつくりにくい保護者の方もありますが、子育てを見守っていることや、必要な

→10 児童虐待
保護者（血縁関係は問わない）がその養育する児童（18歳に満たない者）に対して、身体的虐待（殴る、蹴る、叩く、激しく揺さぶる等）、性的虐待（子どもへの性的行為等）、ネグレクト（家に閉じ込める、食事を与えない等）、心理的虐待（言葉による脅し、無視等）を行うことをいいます。厚生労働省の統計によれば、2015年度に、虐待により子どもが死亡した虐待死事例は72例（84人）、2016年度中に全国の児童相談所での児童虐待に関する相談対応件数は12万2,575件で過去最多を調査開始から更新し続けています。種類別では、心理的虐待（51.5％）が最も多く、身体的虐待、ネグレクトと続いています。

手助けをする態勢があることなどのメッセージを伝え続け、何かあったときに相談できる存在であるように、窓口を開き、粘り強く関わることが保育者に求められます。また関係機関がネットワークをつくり、児童虐待の発見・見守りを行っていくことの継続も必要です。

2 貧困の状態にある子どもの理解と保育者の役割

　2016（平成28）年の厚生労働省「国民生活基礎調査」（図5-2）によると、経済的に厳しい家庭で育つ17歳以下の子どもの割合を示す「子どもの貧困率」（2015年時点）は13.9％であり、貧困状態にある子どもは7人に1人とされています[12]。経済協力開発機構（OECD）が2014年にまとめた加盟国など36か国の平均は13.3％で、日本はそれをまだ上回っている状況にあります。また、同年のひとり親世帯の貧困率は50.8％と5割を超えている状況にあり、就労しているにもかかわらず、生活に困窮している実態があります。現在、生活に困窮する世帯が抱える課題が、子どもの育ちに影響を及ぼしている可能性のあることが明らかになってきています。ひとり親と低所得家庭は、チャ

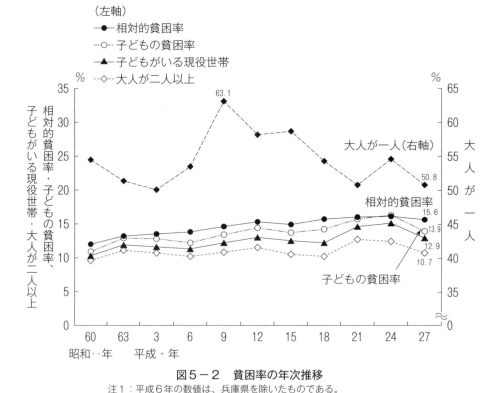

図5-2　貧困率の年次推移
注1：平成6年の数値は、兵庫県を除いたものである。
　2：平成27年の数値は、熊本県を除いたものである。
　3：貧困率は、OECDの作成基準に基づいて算出している。
　4：等価可処分所得金額不詳は含まない。
出典：厚生労働省「平成28年　国民生活基礎調査の概況」2017年

イルドケアが欠如していたり、費用が出せなかったりなど、ケアの質が劣悪にある場合も指摘されています。

　子どもの生活や心身の状況の変化を、さまざまな場面で気づくことのできる保育者が、子どもの健やかな育ちのために、「子どもの貧困」の過酷な状況を認識し、可能な支援を行うことは重要な取り組みとなります。具体的には、子どもの健康と食の保障は重要な課題であり[13]、子どもの身体的精神的な健康のチェックと支援のあり方が問われています。また子どもの生活における援助や、人間関係の機会を提供していくことが求められます。家庭ではなかなか経験できなかったことを、保育の場で取り組んでみることも保育者の役割になってきます。地域の中で保育所などが、保護者も安心できる子育て支援の場としての役割を担い、必要な支援を行っていくことも求められています。

　このように家庭環境にさまざまな背景のある子どもたちが保育の場におり、その状況に合わせた配慮が保育者に求められているところです。その具体的な配慮のあり方については、今後の大きな課題になっています。

第2節　多様な子どもたちとむかいあう保育者の役割

1　インクルージョンの観点から

　第1節では、幼児教育・保育の場において配慮の必要となる子どもたちについて説明してきました。実に多様な子どもたちがいるとともに、彼らとむかいあう保育者の役割の大切さについて理解が深まってきたことと思います。

　これまでの障害児保育・教育の分野では、統合保育というかたちの保育が行われてきました。統合保育の統合はインテグレーションといわれ、障害のある人とない人を分離（セパレーション）するのではなくて、統合していくことがめざされてきました。その背景には、障害のある子どもと定型発達の子どもとが分離されていた歴史があったのです。統合保育とは、分離していた障害のある子どもと定型発達の子どもとを一緒に（統合して）保育していくことであり、それまで定型発達児のためにある幼稚園・保育所に、障害幼児も対象として、受け入れていったのでした（図5-3参照）。

　しかしここまで見てきたように近年、障害のある子どもに限らず、保育者

の配慮を要する子どもの範囲が広がってきています。また多様な子どもたちがいることからしても、保育の場は定型発達の子どもたちの集団に合わせることを目的としたものではなくなってきています。統合保育においては、定型発達児の集団に障害児を適応させることが目的になっていた面もあり、訓練的な関わりをしていた面もありました。しかし、多様な子どもたちの存在が明らかになったことにより、一人一人に対する教育的ニーズに目を向け、それぞれの子どもがその子らしく園で過ごしているかどうかが問われるようになってきました。つまりインクルージョンの観点であり、この観点から保育を考えていくことが保育者の根本になってきています。

　インクルージョンとは、障害のある子どもや障害のない子どもだけでなく、さまざまな人たちがそもそも社会のなかに含まれているという考え方です。多様性をダイバーシティともいいます。これは、福祉の世界で生まれたノーマライゼーション[11]の考え方を背景としています。統合保育では、障害がある子とない子という区別があったのですが、インクルージョンにおいては、障害の有無にかかわらず、すべての子どもの特別な教育的ニーズに応えていく保育の必要性が指摘されています。これがインクルーシブ保育と呼ばれるようになってきました（図5－4参照）。文部科学省においても、インクルー

→11　ノーマライゼーション
障害のある人もそうでない人も、お互いが特別に区別されることなく、等しく生きる権利を有し、生活を共にするのが正常な社会のあり方という考え方です。障害に限らず、高齢者やLGBTなど社会的マイノリティの人たちも広く含まれます。これは、1950年代のデンマークで知的障害のある子どもを持つ親たちの会による行動から生まれたものでした。

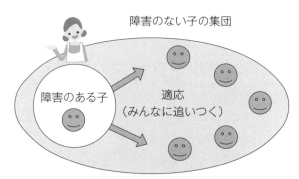

図5－3　統合保育のモデル図

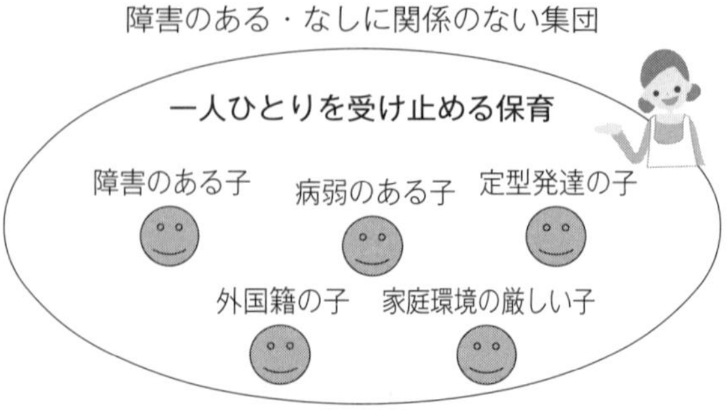

図5－4　インクルーシブ保育のモデル図

シブ教育システムを推進していく動きがあります。インクルーシブ保育の対象は、障害のある子どもだけでなく、外国籍の子ども、病弱の子ども、貧困の子ども、定型発達の子どもなどを含んでいます。

2 配慮児の困り感に寄り添うこと

　先に提示したインクルーシブ保育の観点からすると、保育者の役割として重要になってくるのは、すべての子どもたち一人一人を受け止めていくことであるといえます。具体的には、配慮児の困り感に寄り添うことです。その内容は第1節で述べてきたところですが、保育者の役割を次の3点に集約できます。
①配慮児の困り感に沿った保育者の関わりをするとともに、園での生活が過ごしやすくなるような環境設定をしていくこと
②配慮児について園長や主任、同僚の保育者間で報告・連絡・相談をしていくことで連携し、共通理解を積み重ねていくこと
③配慮児について外部機関と相談しながら支援をするとともに、子育てに不安を抱える保護者に寄り添い、協力していく信頼関係をつくること
　特別な配慮を必要とする子どもの保育には苦労も多くあります。試行錯誤の中で、どのように保育をしていけばよいのか悩むこともあるでしょう。実はそういった試行錯誤や悩みが、新たな保育の視点の気づきとなり、保育者の力量を上げていくことにつながります。園長・主任をはじめ、同僚となる保育者とも相談しながら、配慮の必要な子どもとその保護者に関わり、保育者としてより成長していくことをめざしていきましょう。

◆引用文献

1）アメリカ精神医学会編、高橋三郎・大野裕監訳『DSM－5 精神疾患の診断・統計マニュアル』医学書院　2014年（2013年）
2）木原久美子「『気になる子』の保育をめぐるコンサルテーションの課題—保育者の問題意識と保育対処の実態を踏まえて—」『帝京大学文学部教育学科紀要』第31号　帝京大学文学部教育学科　2006年　pp.31－39
3）富士宮市ホームページ：別冊　「気になる子」アンケート調査結果
http://www.city.fujinomiya.lg.jp/sp/municipal_government/llti2b000000rsia-att/llti2b000000s8ab.pdf
4）守巧「気になる子がいるクラスを多面的に捉える—どの子にも居場所のあるクラスを目指して—」『発達』第38巻第149号　ミネルヴァ書房　2017年　pp.29－34
5）本郷一夫編『保育の場における「気になる」子どもの理解と対応—特別支援教育への接続—』ブレーン出版　2006年
6）鯨岡峻「『気になる子』から『配慮の必要な子』へ」『発達』第38巻第149号　ミネルヴァ書房2017年　pp.2－6
7）日本保育協会「保育の国際化に関する調査研究報告書—平成20年度—」2009年　pp.4－8
8）文部科学省ホームページ：「日本語指導が必要な児童生徒の受入状況等に関する調査（平成28年度）」の結果について
http://www.mext.go.jp/b_menu/houdou/29/06/__icsFiles/afieldfile/2017/06/21/1386753.pdf
9）日暮トモ子「多文化共生社会に求められる保育とは—国際化・多文化状況下における保育の課題—」『教育と医学』第63巻第5号　慶應義塾大学出版会　2015年　pp.21－29
10）多文化子育てネットワーク「第2回多文化子育て調査報告書」2012年　pp.16－17
11）佐藤千瀬「国際児に対する保育者の捉えと日本人園児の実態のずれ—A幼稚園の3歳児クラスの集団形成過程を通して—」『学校教育学研究論集』第10号　東京学芸大学大学院連合学校教育学研究科　2004年　pp.1－14
12）厚生労働省ホームページ：平成28年国民生活基礎調査の概況
http://www.mhlw.go.jp/toukei/saikin/hw/k-tyosa/k-tyosa16/
13）浅井春夫「保育と子どもの貧困」『発達』第38巻　第151号　2017年　pp.13－18

学びを深めるために 4

事例を通して、特別の配慮を必要とする子どもに対する保育者の具体的な配慮や役割についてグループで考えてみましょう。

Case

　幼稚園に在籍するマサオくん（年長クラス、5歳男児）の事例です。入園当初より、落ち着きがなく、集中する時間も短くて、じっとしていることができませんでした。保護者の話では、スーパーなどで迷子になることも多く、周囲を見ていないためよく転び、ケガも絶えないとのことでした。

　年少クラスでは、保育室から出て行ってしまうことが多くありました。保育室にいることができる時には、活動に対する集中が続かず、担任の話の途中でもマサオくんが思い出したことを話し始め、全体の活動を滞らせることがしばしば見られました。また、順番を守ることや友達と一緒に協力してやることが苦手で、マサオくんの思い通りにならないと大きい声を出してクラスから飛び出すこともありました。集団の中で集中を持続し、友達の思いを受け止めることができるようにするための支援は担任だけでは困難がありました。

　年中クラスでは、基本的生活習慣は自立しているにも関わらず、周りの人や物に気を取られ、片づけの途中で遊びに行ってしまうこともしばしばありました。友達への関心は高いため、よくちょっかいを出すが、力が強すぎたり、衝動的に手を出してしまったりするため、トラブルになってしまいます。制作活動では、指示された持ち物を持ってくるのを忘れたり、やりたい気持ちが抑えられず、好きなようにハサミで切ってしまったり、色塗りをしてしまったりということがありました。しかし、大好きな描画の時間には、画用紙いっぱいにダイナミックな絵をかき、集中して取り組んでいました。年少の頃は、「元気の良さはこの子の個性である」と言っていた保護者も、こうしたマサオくんを心配し始めました。

事例を読み、以下のグループワークと発表を行いましょう。

Work1 マサオくんが園生活の中で見せる姿の中で、配慮を要すると考えられる行動は何でしょうか。グループで話し合ってみましょう。

Work2 保育者はマサオくんと保護者にどのような配慮ができるでしょうか。グループで話し合ってみましょう。

Work3 Work 1、2で話し合ったことをもとに、マサオくんや保護者の困り感を1つ挙げ、それに対する保育者の配慮をグループで発表しましょう。

第 **6** 章

園の管理・運営に関わる保育者の役割

　本章では、主に幼稚園と保育所に焦点をしぼり、管理・運営について学びます。どの園でも保育の目標を達成するために、組織的、計画的に保育活動を展開していますので、全職員の協力体制や組織運営上のきまりなどが必要です。一人一人の保育者が、その組織の一員であると同時に、園運営の一翼を担っています。新任であっても職員会議への出席、園務分掌、記録文書の管理など多くのことに関わりますので、園がどのように運営されているかについて理解しておかなければなりません。

　本章では、管理・運営の中でも、主に組織、服務、施設・設備、安全・衛生、事務の管理について取り上げ、園としての機能を十分に発揮するための効果的な管理・運営のあり方について考えます。

第1節　管理・運営とは

　管理とは、「全体を管轄し、一定の基準を保つように処理すること。望ましい状態を維持するために全体に渡って取り仕切ること」[1)]を意味します。また、運営とは、「その機能がきちんと発揮されるように、組織や制度などを動かしていくこと」[2)]を意味します。たとえば、幼稚園は、教育活動そのものの運営と、教育を効果的に行うための教職員などの人事、園の施設・設備の管理などから成り立っています。

第2節　園組織の管理・運営

1　人事・労務管理とは

　人事管理は、採用、配置・異動、研修、人事考課、昇給・昇格などの管理を意味し、労務管理は、労働条件一般、福利厚生、労使関係などの管理を意味します。これらの管理活動によって、園の目的を達成するために必要な組織をつくること、職員一人一人が意欲をもって日々の業務に取り組めるように適正に評価され、キャリアを通じて成長できるようにすること、また、それらは労働関係法令に則って行われることなどが実現されなければなりません。

　本節では、保育者が園の運営に関わるために理解しなければならない園の職員配置、仕事の分担を組織化した園務分掌、園長の方針などについて共通理解を図るための職員会議のほか、組織の一員として職員が心得なければならない義務と責任としての服務、さらに、保育者の勤務についてふれます。

2　幼稚園における教職員の設置規定

　文部科学省が定めた幼稚園設置基準によれば、1学級の幼児数は、35人以下を原則とし、学級ごとに少なくとも専任の主幹教諭、指導教諭または教諭を1人置かなければならないと定められています。なお、特別な事情があるときは、専任の副園長または教頭が教諭を兼ねたり、学級数の3分の1の範

囲内で、専任の助教諭もしくは講師に代えることができます。

　職種については、学校教育法第27条第1項によれば、「幼稚園には、園長、教頭及び教諭を置かなければならない」と定められています。さらに同法第27条第2項によれば、その他に、「(…前略…) 副園長、主幹教諭、指導教諭、養護教諭、栄養教諭、事務職員、養護助教諭その他必要な職員を置くことができる」と定められています。

　園長は、園の運営の責任者として園務をつかさどり、所属職員を監督します。副園長は、園長を助け、命を受けて園務をつかさどり、教頭は、園長（または副園長）を助け、園務を整理し、必要に応じて幼児の保育をつかさどることとされています。

　また、教諭は幼児の保育をつかさどる職員ですが、その中でも主幹教諭は、園長（または副園長）及び教頭を助け、命を受けて園務の一部を整理する役割も担い、指導教諭は、教諭その他の職員に対して保育の改善及び充実のために必要な指導及び助言を行う役割を担っています。

　養護教諭は、幼児の養護をつかさどる職員として、健康相談及び幼児の健康状態を日常的に観察して心身の状況を把握し、健康上の問題があると認めるときは、遅滞なくその幼児に対して必要な指導を行います。さらに、その保護者に対しても必要な助言を行います。栄養教諭は、幼児の栄養の指導及び管理をつかさどる職員で、給食を実施する場合の栄養に関する専門知識に基づいた指導、食に関わる計画の作成を行い、また、食に対して特別の配慮を必要とする幼児には個別的な指導も行います。

3 ｜ 保育所における職員の設置規定

　厚生労働省による児童福祉施設の設備及び運営に関する基準第33条第2項によれば、保育士の配置数は表6-1の通りです。しかし、保育を運営していくには困難な配置基準であるため、最低基準をこえて実際にはさらに手厚く保育を行っている現実があります。たとえば、1歳児クラスを4対1や5対1、あるいは4、5歳児クラスを20対1程度の配置基準にすることなどは、実際の保育場面ではよく行われている配慮です。保育現場の実態や現代の子どもの育ちからみて、保育士の配置基準は、抜本的に見直されなければならない段階にきていると言えるでしょう。

　保育所には、園長や副園長をはじめとして、主任保育士、保育士、栄養士、調理師、保健師（看護師）、園務員、事務員など多様な専門職者が勤務して

表6-1　保育士の配置数

子どもの数	保育士の数
乳児おおむね3人につき	1人以上
満1歳以上満3歳に満たない幼児 おおむね6人につき	1人以上
満3歳以上満4歳に満たない幼児 おおむね20人につき	1人以上
満4歳以上の幼児 おおむね30人につき	1人以上

います。そのため、それぞれの職員が自己の業務を理解し、それを保育所の組織の一員として遂行することが大切です。

　たとえば、園長は園を統括し、保育所の長としての役割を担います。また、副園長は園長を補佐し、園を統括する役割を園長とともに担います。つまり園長と副園長は、保育所全体を管理・運営する職責を担っていると言えます。

　それに対して、保育に直接的に関わる主任保育士は、保育内容や保育実践における統括や指導、支援にあたる役割を担っています。園長や副園長を補佐する役割もあります。主任保育士は、直接保育に関わる保育士集団の実質的なリーダーとして重要な職責を負います。

　保育士は、個々の子どもに対して直接的に保育を行い、同時にその家庭を支援する役割を担います。もちろん園の運営にも加わっていきます。

　保育士以外の専門職者の役割分担を見ておきましょう。栄養士は、給食全般に関してその責任を負い、調理師は、栄養士が検討した食育計画と給食献立にそって調理に関する責任を負います。最近は、食物アレルギーをもつ子どもへの個別的な食育計画を家庭と連携して策定すること、そして、それに基づいた除去食や代替食を調理するなど、配慮を要する子どもへの食の取り組みも極めて重要な課題です。また、栄養士、調理師は、園長、主任保育士、保育士と協働して、食育に関する取り組みを行っています。

　保健師（看護師）は、保健計画を策定し、定期健診や子どもの健康増進と疾患、けがの予防活動に関する業務を担います。園長、主任保育士、保育士と協働して、子どもの健康増進に関するあらゆる業務を行うと言えます。

　このように、保育所にはさまざまな専門職者が配置されており、それぞれが専門性を発揮しながら職務にあたる一方で、チームを組んで組織として関わることで、保育所として子どもや保護者への関わりをより強めていくことができることから、各専門職者間の連携・協働は極めて重要です。

4　園務分掌

　園務とは、学校教育法第27条第4項によれば、「園長は、園務をつかさどり、所属職員を監督する」と定められていることから、園長の職務として法令に規定され、園長のつかさどるべき園の運営のすべてが園務と考えられます。園務を効果的に処理するためには、各職員に仕事を分担し、一定の秩序のもとに処理する仕組みを整えなければなりません。園長は、その園の管理規則などに則って、園が組織として調和のとれた運営で教育・保育活動を展開できるように職員に園務を分担し、円滑に処理できるようにします。その仕組みを園務分掌と言います。

　たとえば、幼稚園の園務分掌の内容を大別すると、①教育課程に基づく学習指導などの教育活動に関するもの、②学校の施設設備や教材教具に関するもの、③教職員の人事に関するもの、④文書の作成処理や人事管理事務、会計事務など学校の内部事務に関するもの、⑤教育委員会などの行政機関やPTA、社会教育団体などとの連絡調整に関するものなどがあります[3]。

　園務がどのように分掌されているのか、つまり、どんな係があり、どんな内容で、だれが分担しているのかについては、各園のそれぞれの実態によって異なります。たとえば、庶務関係では、文書、調査、記録など、経理関係では、各種会計（保育料、教材費等）、施設・備品など、研究関係では、教育計画、行事、領域別研究、環境構成など、渉外関係では、PTA関係、各関係機関などです（図6-1参照）。また、少ない職員で運営している園では、1人で多くの園務を担当することもあります。

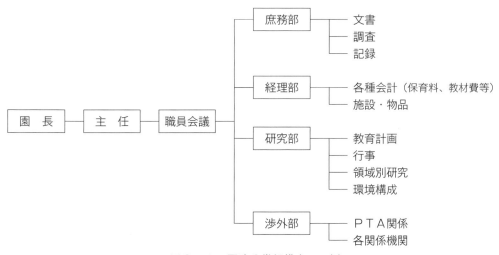

図6-1　園務分掌組織表の一例

5　職員会議

　職員間の意思疎通を図る場として重要なのが、職員会議です。職員会議は、全職員参加のもとで定期的に開催されることが原則です。前述の通り、園長は、園務をつかさどり、所属職員を監督する責任と権限があります。職員会議は、設置者が定めるところによって、園長の職務を円滑に執行するために置かれており、園長が主宰します（学校教育法施行規則第39条（第48条を準用））。通例では、たとえば、毎月第2土曜日の13時からなどとしてあらかじめ設定されており、園の運営に関する園長の方針、さまざまな課題への対応策などについて共通理解を深めたり、園の運営上の重要事項を話し合ったり、園務に関する情報交換や連絡調整などを行います。

　定期的な職員会議以外にも、非常勤職員会議、園長や主任などの管理職会議、行事開催のための実行委員会などが設けられています。具体的な保育実践について話し合う指導計画会議は、クラス別、乳幼児別、あるいは課題別（障害児や要支援児）などで実施されています。また、給食に関する会議や保健に関する会議も、指導計画会議の中に組み入れられます。多忙な保育現場ですが、各園で工夫を凝らしながらさまざまな会議をもつようにしています。

　職員会議は、入園している子ども一人一人への理解と育ちを保育者全員で共有し、チームとして具体的に保育を検証できる機会です。保育者一人一人が問題意識をもって臨み、日々の保育について密に打ち合わせを行い、職員全員で振り返ることは、今後の保育の方向性を確認し合うための重要な節目となります。

6　勤務に関するきまり

1──服務に関するきまり

　服務とは、「職務に従事すること」で、それらを定めた服務規程とは、「服務する者の守るべき規則」を指します[4]。

　公立の幼稚園や保育所、認定こども園の服務に関しては、地方公務員法第30〜38条にわたって定められています。第30条には服務の根本基準として、「すべて職員は、全体の奉仕者として公共の利益のために勤務し、且つ、職

務の遂行に当つては、全力を挙げてこれに専念しなければならない」と明記されています。さらに主なものを挙げると、職務を遂行するにあたって法令などや上司の職務命令にしたがう義務（第32条）、職の信用をおとしめる行為を禁じた信用失墜行為の禁止（第33条）、職務上知り得た秘密を守る、いわゆる守秘義務（第34条）などがあります。

また、公立幼稚園に勤務する保育者は、地方公務員であると同時に、教育公務員でもあります。したがって、その服務は地方公務員法によりますが、地方公務員の特別法としての教育公務員特例法の規定があわせて適用されることになります。

こうした服務に関する規定を根本的な原則としながら、各園が独自に服務規程を定めて、それに則り、勤務することが求められます。その園が求める職員像、つまり職員として望ましい資質や態度を全職員が共通して認識し、さらには職員が勤務するにあたって守らなければならないものと言えます。

2——就業に関するきまり

保育者の勤務については、労働基準法が適用され、さらに多くの規則にしたがいますが、保育という仕事上、勤務時間、休憩や休息、年次休暇など、工夫や調整が必要な場合があります。

各園では服務規程と同様に、就業規則を定めています。これは、労働基準法第89条において常時10人以上の労働者を使用する使用者は就業規則を作成し、行政官庁に届け出なければならないと義務づけされていることを根拠としています。

就業規則には主に、始業及び終業の時刻、休憩時間、休日、休暇、給料や手当に関する事項、退職に関する事項などが規定されます。その他にも、研修の機会、災害の補償や業務外の疾病、女性保護や母性保護、福利厚生についての事項も含まれます。

保育を充実させるためには、全職員が業務に対して意欲をもって臨めるように園ぐるみで取り組むことが求められます。たとえば、有給休暇の消化率や疾病状況の把握と改善、ワークライフバランスに対する方策、職員に向けた相談窓口の設置など、働きやすい職場づくりに向けて具体的な手立てを講じることが人事・労務管理において極めて重要な課題となります。

第3節 安全・衛生管理

1 物的環境の管理・運営とは

　園の設置に必要な物的環境は、国の基準によって定められています。物的環境の管理とは、園舎などの施設・設備、園具・教具などの維持、修繕、保管などを意味し、当然のことながら保育者は物的環境の管理に関わります。
　特に重要なことは、常に子どもを安全に保育し、事故がなく安心して園で生活できる環境を整えておくことであり、人的・物的の両面に関わる安全・衛生管理について法令などによって定められています。安全・衛生管理には、施設・設備の整備、子どもの健康が損なわれないような環境の保持、保健衛生指導、感染症の予防、食中毒の防止、日常生活の中での事故防止、災害や防犯の対策のほか、天災人災を問わず不測の事態に対応する危機管理などが含まれ、全職員の共通理解と協力によって組織的に取り組むことが必要です。

2 施設・設備の基準

1──「幼稚園設置基準」及び「幼稚園施設整備指針」

　幼稚園に備え付けるべき施設・設備などの最低基準については、幼稚園設置基準に定められています。園舎や運動場の面積の基準、また、職員室、保育室、遊戯室、保健室、便所、飲料水用設備、手洗用設備、足洗用設備を備えなければならないことが定められています。
　また、幼稚園設置基準といった関係法令などの規定に基づくことはもとより、さらに、設置者が施設の計画及び設計にあたり、安全上、保健衛生上、指導上その他の学校教育の場として適切な環境を確保するための留意事項を示したものとして、幼稚園施設整備指針が策定されています。新設園や建て替え期を迎えた施設のほか、既存施設を改修する場合にも関係法令の規定に基づきつつ、本指針に十分配慮する必要があります。

2 ——「児童福祉施設の設備及び運営に関する基準」

保育所などの児童福祉施設が公益性を維持し、施設の運営を一定水準以上に保つための基準として、児童福祉施設の設備及び運営に関する基準が定められています。基準には、施設の構造設備の原則、非常災害、衛生管理、食事、利用者や職員の健康診断などのほか、各施設の設備基準、職員配置などが定められている重要な厚生労働省令です。なお、この基準はあくまで最低基準であるため、第4条では「児童福祉施設は、最低基準を超えて、常に、その設備及び運営を向上させなければならない」と規定されています。

3 ——「幼保連携型認定こども園の学級の編制、職員、設備及び運営に関する基準」

→1 本章では触れていませんが、幼保連携型認定こども園における職員の設置規程についても、こちらの基準で定められています。

幼保連携型認定こども園についても基準が定められています[1]。幼保連携型認定こども園の園児が、明るくて、衛生的な環境において、素養があり、かつ、適切な養成または訓練を受けた職員の指導により、心身ともに健やかに育成されることを法令によって保障されています。これによって幼保連携型認定こども園を監督する都道府県は設置運営基準を超えて、その設備及び運営の向上に努めるものとされています。

3 | 幼稚園における安全・衛生管理

学校保健や学校安全について定めた法令としては、学校教育法第12条のほか、学校保健安全法があります。

学校保健安全法では具体的な事項が規定されており、幼稚園の設置者の責務として、幼児と職員の心身の健康の保持増進と安全の確保を図るために園の施設・設備、管理運営体制を整備し、必要な措置を講ずることが定められています。また、幼児と職員の健康診断、環境衛生検査、幼児に対する指導などについての学校保健計画と、施設・整備の安全点検、幼児の通園を含めた園生活や日常生活での安全指導、職員研修などについての学校安全計画を立てて実施しなければならないことが定められています。

また、学校保健安全法第6条では、学校環境衛生基準が定められています。これは、保育室の換気、採光、照明、保温、清潔保持や飲料水の水質など、幼児と職員の健康を保持するための環境衛生に関する基準です。この基準に

照らして環境衛生の維持・改善を図るために、職員の組織活動の一環として行われる日常点検のほか、薬剤師による定期・臨時の環境衛生検査が義務づけられています。

幼児の健康診断については、学校保健安全法施行規則によれば、検査の時期として毎学年6月30日までに行うこと、検査項目や診断結果を健康診断票に記録して5年間保存することなどが規定されています（表6－2参照）。

安全点検については、日常点検のほか、定期・臨時に幼児などが通常使用する施設・設備の異常の有無について系統的に行い、環境の安全確保を図ることが義務づけられています。

表6－2　健康診断票の様式例

幼児健康診断票								
学校の名称								
氏　　名				性別	男　女	生年月日	年　月　日生	
年　　齢	年	年	年	年齢	年	年	年	
健康診断年月日	年月日	年月日	年月日	健康診断年月日	年月日	年月日	年月日	
身　長（cm）	・	・	・	結核				
体　重（kg）								
胸　囲（cm）				心臓の疾病及び異常				
座　高（cm）	・	・	・					
栄養状態				尿	蛋白第一次			
脊柱					その他の検査			
胸郭								
視力	右（　）（　）（　）			寄生虫卵				
	左（　）（　）（　）							
色　　覚				その他の疾病及び異常				
聴力	左			担当学校医所見				
	右							
眼の疾病及び異常				担当学校歯科医所見				
耳鼻咽頭疾患								
皮膚疾患				事後措置	結核以外			
歯	齲歯数	処置			結核			
		未処置						
	その他の歯疾							
口腔の疾病及び異常				備考				

歯式	年齢	検査月日	記入記号	現在歯（例 A̅）	齲歯	処置歯　○	年	上右下　6 E D C B A A B C D E 6　上左下
				要注意乳歯　×		未処置歯　C		上右下　6 E D C B A A B C D E 6　上左下
	年	年月日			上右下　6 E D C B A A B C D E 6　上左下			
	年	年月日			上右下　6 E D C B A A B C D E 6　上左下			

注　結核予防法第13条第3項の規定により、ツベルクリン反応検査を受けた者については、その結果及び予防接種の有無を「備考」の欄に記入する。

学校保健法施行規則第6条に定める第2号様式の2

出典：株式会社ジャクエツ

防犯対策については、2007（平成19）年8月、文部科学省及び国立教育政策研究所文教施設研究センターによる報告書「学校施設における防犯対策の点検・改善のために」が出されました。防犯対策についても管理者だけではなく、まずは、日常的に職員全員が安全への意識を高めておくこと、さらには、家庭、地域、警察など関係機関に協力を依頼することが重要です。
　表6－3は、学校施設における防犯対策の点検・改善チェックリストの一

表6－3　学校施設における防犯対策の点検・改善チェックリストの一例

評価　A（行っている）　B（おおむね行っている）　C（行っていない）

点　検　項　目	評価	今後の改善計画等
1．学校の実態に応じた危機管理マニュアルを作成し、子どもの日常及び緊急時の安全確保対策等について共通理解を図っているか。		
2．不審者侵入事件に係わる情報を収集し、職員会議等で取り上げ、教職員間で情報交換、意見交換を行うなどにより、教職員の危機管理についての意識高揚を図っているか。		
3．全ての教職員が、緊急時に一体となって迅速・的確に対応できる実践力の向上を図るために、次のような措置を講じているか。		
(1)　不審者による緊急事態発生時に備えた避難訓練を実施し、その反省を対応に生かしているか。		
(2)　防犯に関する知識・技能、応急手当や心のケアの具体的な方法等について研修を行っているか。		
(3)　教職員間の情報伝達訓練や警察、消防等への通報訓練などを行っているか。		
4．警察等の関係機関、保護者、地域住民、近隣の学校・幼稚園等と連携して、学校周辺における不審者の情報が把握できる体制を整えているか。		
5．教職員や保護者・地域住民等のボランティアによる校内巡回等により、不審者を早期に発見する体制を整えているか。		
6．学校への来訪者が確認できるよう、次のような措置を講じているか。		
(1)　立て札や看板等による案内・指示を行ったり、順路、入口、受付等を明示しているか。		
(2)　来訪者にリボンや名札等を着用させて、不審者との識別が可能なようにしているか。		
(3)　来訪者に最初に出会った教職員が、氏名・用件を聞いたり、持ち物や言動等により不審者かどうかの判断ができるようにしているか。		
(4)　登下校時以外は校門を閉めるなど、敷地や校舎への入口等を管理可能なものに限定しているか。		
7．登下校時において、子どもの安全が確保されるよう、次のような措置を講じているか。		
(1)　通学路において人通りが少ないなど、注意を払うべき箇所を把握し、子ども、保護者に周知するなどして注意喚起しているか。		
(2)　登下校時等に万一の場合、交番や「子ども110番の家」等の緊急避難できる場所を、子ども一人一人に周知しているか。		
(3)　登下校時等に万一の事態が発生した場合の対処法（大声を出す、逃げる等）を指導しているか。		
(4)　登下校時の子どもの安全確保のため、保護者や地域住民等のボランティアによるパトロール等の協力を得ているか。		

出典：文部科学省大臣官房文教施設企画部・国立教育政策研究所文教施設研究センター「学校施設における防犯対策の点検・改善のために－学校施設の防犯対策に係る点検・改善マニュアル作成の取組に関する調査研究報告書－」平成19年8月　p.59
http://www.mext.go.jp/a_menu/shisetu/shuppan/07091904.htm

例です。園や地域の状況などに応じた点検項目を作成し、計画的に点検を実施し、必要に応じて改善することが大切です。

4 保育所における安全・衛生管理

　保育所の環境・衛生管理、事故防止・安全対策については保育所保育指針の項目、「健康及び安全」に定められています。子どもの育ちを取り巻く環境が急速に変わりゆく中で、2017（平成29）年3月に改正された保育所保育指針では、乳幼児期の子どもの健康と安全を守る保育所の役割が明確にされ、その内容が整理されています。

　どの保育所においても事故を未然に防止し、また事故が起こった後にも常にどの職員でも速やかにかつ適切に対応でき、事故の拡大を最小限にとどめるといった対応が取れるよう体制を整えておくことが極めて重要です。表6－4に、厚労省や内閣府より公表された健康及び安全に関するガイドラインを示しています。これらのガイドラインを活用して園長や副園長・主任保育士などの管理者が園用のマニュアルを作成し、職員集団全員で組織的に対応できる体制をつくることが求められます。

　また上記の保育所保育指針「健康及び安全」の中に、「災害への備え」という項目が追加されました。こうした項目は東日本大震災はじめ各地で起こった震災の経験から、安全に対する備えについて今一度見直す必要性を保育所にせまったものと言えるでしょう。子どもの命を守るための日常的な備えや危機管理について、地域の関係機関と共有し、地域ぐるみの危機管理体制を構築する必要があります。また災害発生時の緊急対応についてのハンドブックやお知らせ等を作成し、それを基に保護者と十分に確認し合い、共有しておく備えが重要です。

表6－4　国が示す教育・保育施設等における健康及び安全に関する主なガイドライン

- 厚生労働省「2012年改訂版保育所における感染症対策ガイドライン」2012年
- 厚生労働省「保育所における食事の提供ガイドライン」2012年
- 厚生労働省「保育所におけるアレルギー対応ガイドライン」2011年
- 厚生労働省「保育の場において血液を介して感染する病気を防止するためのガイドライン―ウイルス性肝炎の感染予防を中心に―」2014年
- 内閣府「教育・保育施設等における事故防止及び事故発生時の対応のためのガイドライン【事故防止のための取組み】～施設・事業者向け～」2016年
- 厚生労働省「保育所、地域型保育事業及び認可外保育施設においてプール活動・水遊びを行う場合の事故の防止について」（通知）2016年

第4節 事務的管理

　事務的管理とは、さまざまな情報を表簿などに記録し、必要な情報を必要なときに取り出すことができるように管理することです。それによって、園で行われるさまざまな管理業務間で情報を共有し、問題点の把握、検討、改善につなげ、園全体の管理・運営に活かすことができなければなりません。

　園の事務的な業務は、主として園の運営に関するものと学級の運営に関するものがあります。いわゆる園務と学級事務です。園務は、主として園長、教頭や主任、事務職員が行いますが、前述の通り、園務分掌を決めて、各保育者がその組織の一員として分掌事務の一部を担うのが一般的です。学級事務は、自分の分担する学級の事務のことで、もちろん担任保育者が中心になり、必要な諸表簿を確認し、記述、管理に責任をもちます。担任保育者が作成する表簿には、たとえば、指導要録、健康診断、個人記録簿（家庭状況等を含む）、学期・月・週・日案などの保育記録、出席簿など数多くあります。

　幼稚園の場合、学校教育法施行規則第28条によれば、備え付けなければならない表簿（いわゆる公簿）及び保存期間が次のように示されています。なお、公簿などの記入方法については、全職員で共通理解を図るとともに、子どもの個人情報及びデータなどの保存・管理についても十分に配慮する必要があります。

学校教育法施行規則

> 第28条　学校において備えなければならない表簿は、概ね次のとおりとする。
> 　一　学校に関係のある法令
> 　二　学則、日課表、教科用図書配当表、学校医執務記録簿、学校歯科医執務記録簿、学校薬剤師執務記録簿及び学校日誌
> 　三　職員の名簿、履歴書、出勤簿並びに担任学級、担任の教科又は科目及び時間表
> 　四　指導要録、その写し及び抄本並びに出席簿及び健康診断に関する表簿
> （第五～七号略）
> 2　前項の表簿は、別に定めるもののほか、5年間保存しなければならない。ただし、指導要録及びその写しのうち入学、卒業等の学籍に関する記録については、その保存期間は、20年間とする。
> （第3項略）

◆引用文献
1）北原保雄編『明鏡　国語辞典　第二版』大修館書店　2010年　p.395
2）同上書　p.183
3）学校管理運営法令研究会編『第五次全訂　新学校管理読本』第一法規　2009年　p.34
4）新村出編『広辞苑　第六版』岩波書店　2008年　p.2442

◆参考文献
中央教育審議会「今後の学校の管理運営の在り方について」(答申) 2004年3月
解説教育六法編修委員会編『解説　教育六法2017　平成29年版』三省堂
森上史朗監修、大豆生田啓友・三谷大紀編『最新保育資料集2017』ミネルヴァ書房　2017年

学びを深めるために5

子どもの為に最も相応しい保育のありかたや物事を決定、調整していくのが職員会議の重要な働きです。実習で実際の会議に陪席させていただいたことがあればそれを活かし、実際の会議のように役割を分担して模擬職員会議を体験してみましょう。

Case 職員会議

5月下旬のある日、5歳児4人組による滑り台逆登りの遊びが始まりました。この様子をこの後の遊びの発展に繋がることを期待して受けとめ見守ったA保育者と、危険だから止めさせたいと考えたB保育者。

園児の降園後、主任や園長を交えた職員会議が開かれ、その日の出来事について話し合いの場がもたれました。

4～5人のグループを作ります。机を向き合わせるなど互いの顔が見えるように席を整えましょう。その中で各自が園の責任者（園長）、主任（副園長、教頭など）、担任、副担任などの役割を一つ選びます。役割が決まったらその立場になったつもりで事例について以下のワークを行います。

Work1
それぞれの立場になったつもりで、以下の事柄を意識しながら、模擬職員会議を行いましょう。

①滑り台での遊び方についてどのように評価できるか考えましょう。
②職位や立場によって子どもの遊びを理解する姿勢に違いが出るとしたら、それはなぜでしょうか。
③早急にルールを決めて従わせるのではなく、子どもの視点に立った問題解決を保育の中に見出すことは可能でしょうか。

Work2
最後にグループで話し合ったことを全体で発表しましょう。

第 **7** 章

保育者の多様な役割

　今、保育者には、子どもを健やかに育てること、子育てをしている保護者を支援することが求められています。さらに、園に通う子どもの保護者だけではなく、地域全体の子育て中の保護者を支援する役割も期待されています。保育者の役割が広がり深まる中で、保育者は、豊かな人間性をもち、高い専門性を適切に発揮しながら、その社会的責任を果たしていくことが求められています。

　本章では、子どもや保護者を取り巻く環境が変化し、多様化する保育ニーズに対して、保育者はどのようにしてその役割を果たしていくのかについて考えます。

第1節 多様化する保育者の役割

1 子育て環境の変化と子育て支援策

　近年、女性の晩婚化、未婚化、働く女性の増加などさまざまな要因で少子化傾向が続いています。また、核家族化、地域社会の中での人間関係の希薄化などにより、子育てをする保護者が孤立しがちになり、子育ての不安や悩みを抱える保護者が増えており、子どもたちの成長・発達にも影響を与えています。このような少子化と子どもを取り巻く家庭や地域環境の変化に対して、社会全体で子育てを支援していくための政策が進められています（図7－1参照）。

　さまざまな少子化・次世代育成支援策が実施されるものの、子育て支援の需要は増加しています。たとえば、子どもの数が減少する中で保育所の入所希望は増えており、この保育需要に保育所の整備が追いつかず、入所できない待機児童が都市部を中心に膨らんでいます。認可保育所[1]に入れない子どもたちは、認可外保育施設に通うケースも増え続けました。

　また、国の施策だけではなく、その地域の実情に応じた保育ニーズに応えるための多種多様な取り組みも地方自治体によって展開されています。たとえば、前述の待機児童の解消を含む都市型保育ニーズに応えるために、東京都では、認可保育所の設置基準を緩和して独自の基準（認証基準）を設定し、その基準を満たした保育所は、認可外保育施設でも一定の補助を受けることができる認証保育所制度を創設して、保育所が設置されるように促しています。

> [1] 認可保育所
> 国が定めた設置基準（保育士の数や施設の設備など）の一定の基準を満たして都道府県知事に認可された保育所のことです。認可保育所には、普通地方公共団体（都道府県及び市町村）が設置・運営する公立保育所と普通地方公共団体以外の者が設立・運営する私立保育所があります。

2 保育者に求められている役割とは

　少子化・次世代育成支援策が実施される中で、地域に最も身近に存在する専門職としての保育者への期待はいっそう高まっており、多様な役割を担うことが求められています。

　保育士は、2001（平成13）年11月に制定された児童福祉法の一部を改正する法律によって法定資格となり、「この法律で、保育士とは、（…中略…）専門的知識及び技術をもつて、児童の保育及び児童の保護者に対する保育に関

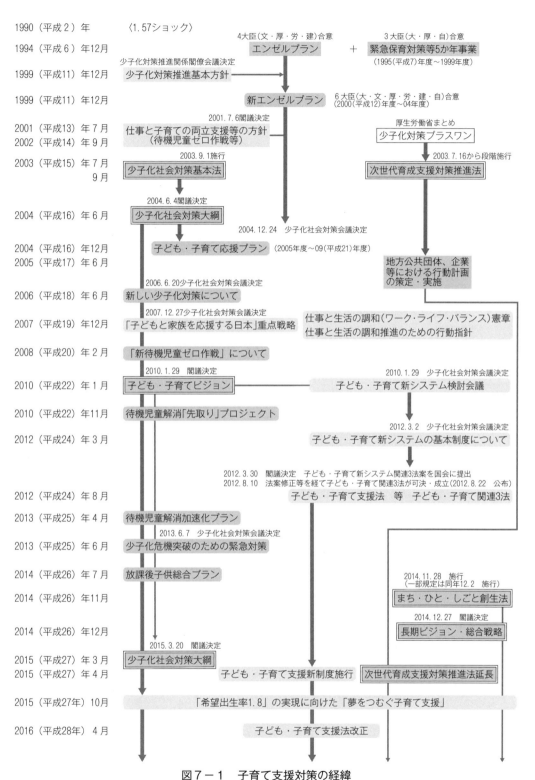

図7－1　子育て支援対策の経緯
出典：内閣府『平成29年版 厚生労働白書【資料編】』2017年　p.181を一部改変

する指導を行うことを業とする者をいう」（児童福祉法第18条の4）と定義されました。その際に、保育士は、従来の役割である子どもの保育に加えて、子育てをしている保護者を支援することも業務として位置づけられました。

また、児童福祉法第48条の4には、保育所の努力義務として地域子育て支援が規定されており、幼稚園においても、2007（平成19）年に行われた学校教育法の改正によって、保護者や地域住民からの相談支援に努めることが規定されました。

つまり保育者は、幼稚園や保育所、認定こども園（以下、「園」と総称）を利用する子どもの保育と保護者の支援を行い、さらに、関連機関などと連携を図り、地域の状況に応じた子育て支援を行う力量が求められています。

児童福祉法

> **第48条の4** 保育所は、当該保育所が主として利用される地域の住民に対してその行う保育に関し情報の提供を行い、並びにその行う保育に支障がない限りにおいて、乳児、幼児等の保育に関する相談に応じ、及び助言を行うよう努めなければならない。
> （第2項略）

学校教育法

> **第24条** 幼稚園においては、第22条に規定する目的を実現するための教育を行うほか、幼児期の教育に関する各般の問題につき、保護者及び地域住民その他の関係者からの相談に応じ、必要な情報の提供及び助言を行うなど、家庭及び地域における幼児期の教育の支援に努めるものとする。

第2節　保育者が担う役割の広がりと深まり

1　子どもの育ちを支援する保育者

1——養護と教育

保育所においては、子どもの状況や発達過程を踏まえた「養護」と「教育」を一体的に行っています。保育所保育指針によれば、養護とは、「子どもの生命の保持及び情緒の安定を図るために保育士等が行う援助や関わり」であり、教育とは、「子どもが健やかに成長し、その活動がより豊かに展開されるための発達の援助である」とされています。

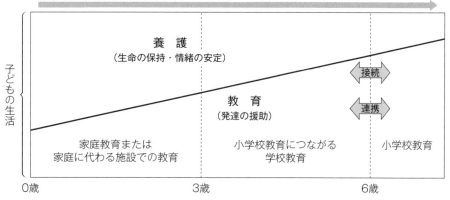

図7−2 子どもの発達と養護と教育の比重(イメージ図)
出典:第3回こども指針(仮称)ワーキングチーム資料「教育・保育の定義について補足資料(案)」平成22年12月13日 p.4

　幼稚園は、学校教育としての「教育」を提供する役割を担いますが、幼児期の発達の特性を踏まえる必要があることから、幼稚園教育においても一定の「養護」が必要とされています。就学前の子どもの発達過程においては、「養護」と「教育」を切り離さず一体化したものとして考えることが必要です。

　また、養護と教育は、その子どもの発達によって比重が異なることから、個の育ちを支える上で子どもの発達過程を踏まえるという視点はとても重要です(図7−2参照)。専門職である保育者は、子どもの発達を適切に判断して保育を行い、子どもにとって必要な援助が何かを見失わないようにすることが重要です。

2── 健やかな育ちを保障するための視点

　保育者が、一人一人の子どもの成長・発達にあわせて保育を行う上で、特に次のような点に気をつける必要があります。

■1 発達や学びの連続性を支える

　0歳から6歳までの乳幼児期における園生活での育ち(発達)は、発達過程区分ごとで断続しているわけではなく、連続しているということをしっかりと念頭に置いておかなければなりません。あわせて、園生活での育ちは、小学校での生活や教育にもつながっていくという時系列的な連続性であることも重要です。つまり、保育者は、専門的な知識と技術をもとに子どもの育ちの連続性に着眼し、児童期も含めた発達過程において子どもの成長・発達を援助することが必要です。

2 人への信頼感の育ちを支える

　子どもは、おとなによって生命を守られ、愛され、信頼されることにより、情緒が安定するとともに、信頼感が育ちます。この信頼感をよりどころとして働きかけの対象を広げ、周囲のおとなや子どもと共感したり、楽しんだりする中で情感も豊かに育っていきます。特に乳児期は、特定のおとなとの愛着関係（親子の絆）の形成を土台として、信頼関係に支えられて生活をしています。集団保育の中であっても、特定のおとな（保育者との絆）との1対1の関係を基盤にして多くの子ども、おとなとの関わり（つながり）をもって園生活を送っています。また、幼児期に進むにつれて、特定のおとなとの愛着関係を土台に友達との関わりを広げていき、年長児ともなると集団として子ども同士の協同が広がり、遊ぶ力が育っていきます。このような個の育ちを支えながら、集団の育ちを支えるという保育者の役割は、子どもが人と関わる力を育てる上でとても重要です。

3 「願い」をもって関わる

　園という場は、ただ子どもに遊びを提供しているだけではありません。園の保育者は、子どもに対してこのように育ってほしいという大きな「願い」をもって関わることが重要です。育てたい子ども像とは、すなわち各園の保育目標のことであり、ともに保育をする職員が共通理解していなければなりません。保育目標は、各園の全体計画、すなわち、幼稚園では教育課程、保育所や認定こども園では全体的な計画に表されています。教育課程・全体的な計画とは、子どもの入園から卒園までの在園期間にわたってどのような道筋をたどって保育を展開していき、園の保育目標を達成していくかを明らかにしたものです。各クラスの担任保育者は、教育課程・全体的な計画を具体化した指導計画を作成しますので、それに基づいて、育てたい子ども像である「願い」をもって、自らの日々の保育の柱に据えて子どもに関わることが重要です。

4 子どもが安心できる存在として関わる

　保育者は、日頃から、子どもにとってのモデルであり、安心できる存在であることが大切です。特に子どもは、保育者が保護者に対してどのように関わっているのかをよく観察しています。たとえば、登園時に大好きな保護者と親しく会話をしている保育者の姿を見れば、子どもは安心して園生活をスタートさせることができるでしょう。そして、子どもは、保育者と保護者の

姿を模倣しながら、どのように人と関わるのかを学んでいきます。

2 │ 保護者の子育てを支援する保育者

1 ── 保護者に対する支援の基本

　保育所の保育内容について定めた保育所保育指針には、2008（平成20）年の改定によって、「保護者に対する支援」として独立した内容が設けられることになり、保護者支援の比重が大きくなりました。なお、2017年（同29）年の改定では、「保護者に対する支援」は「子育て支援」となりました。保育所保育指針「第4章　子育て支援」の「1　保育所における子育て支援に関する基本的事項」には、次のように示されています。

> (1) 保育所の特性を生かした子育て支援
> 　ア　保護者に対する子育て支援を行なう際には、各地域や家庭の実態等を踏まえるとともに、保護者の気持ちを受け止め、相互の信頼関係を基本に、保護者の自己決定を　尊重すること。
> 　イ　保育及び子育てに関する知識や技術など、保育士等の専門家や、子どもが常に存在する環境など、保育所の特性を生かし、保護者が子どもの成長に気付き子育ての喜びを感じられるように努めること。
> (2) 子育て支援に関して留意すべき事項
> 　ア　保護者に対する子育て支援における地域の関係機関等との連携及び協働を図り、保育所全体の体制構築に努めること。
> 　イ　子どもの利益に反しない限りにおいて、保護者や子どものプライバシーを保護し、知り得た事柄の秘密を保持すること。

　なお、保育所では「子育て支援」は努力義務ですが、認定こども園では義務となります。

2 ── 保護者との信頼関係を築くために

　保護者に対する支援は、子どもの送迎時、連絡・通信、会合や行事などさまざまな機会を活用してその場そのときに応じて行います。たとえば、保育者の日々の保護者との素朴なコミュニケーションであっても、それを積み重ねていくことは、信頼関係を築く上でとても重要です。日常的で自然な雰囲気の中で、一緒に子どもの様子を見たり、子どもの相手をしながら話すので、

保護者は相談というよりも気軽に話をしているように見えるかもしれません。そのとき保育者は、その雑談やおしゃべりの中にある本質を見逃さないように、目的をもって対話をするという自覚をもつことが大切です。

また、保育者は、保護者の考えを尊重しながらも、園の方針に基づいた保育者としての考えを伝えることが大切です。このように、相手を尊重しながら自分の考えもしっかりと伝えるという相互尊重に基づいた（アサーティブな）コミュニケーションスタイルをとることが重要です。

さらに、保育者は、保護者と日頃から場や時間を共有しながら、その中で互いに気になることや日常の子どもの様子を気軽に話し合えるような関係を築いていくことが大切です。深刻な問題がからんできた場合には、継続的にそれとなくサポートをしたり、必要に応じて他の専門機関や専門家、地域資源につなげる橋渡し役をするのも保育者の大きな役目です。

3──保護者の状況に配慮した多様な保育

昨今の子育て家庭のライフスタイルはさまざまであり、多様な保育ニーズに対応しなければなりません。

新制度では教育・保育を利用する子どもについて3つの認定区分を設けています。1号認定では、教育標準時間認定・満3歳以上（認定こども園、幼稚園）、2号認定では、保育認定（標準時間・短時間）・満3歳以上（認定こども園、保育所）、3号認定では、保育認定（標準時間・短時間）・満3歳未満（認定こども園、保育所、地域型保育）となっています。

また、保護者の就労の多様化に応じて休日や夜間に保育を実施する「休日保育」「夜間保育」、子どもが病気や体調不良となり、自宅での保育が困難な場合に一時的・緊急的な対応を行う「病児保育」があります。

延長保育や夜間保育を実施する場合、保育者は、昼間の保育の付け足しと考えるのではなく、延長保育や夜間保育も考慮に入れた1日の過ごし方、保育内容を考えることが大切です。そして、延長保育・夜間保育の時間帯は、可能な限り家庭的でゆったりした雰囲気の中で子どもたちが過ごせるように配慮したいものです。家庭に帰るのと同じように、昼間の保育とは異なる場所に移動し、子どもたちが気持ちを切りかえてゆったりと過ごせる空間が必要です[1]。

病児等に保育を行うにあたっては、保育者は、嘱託医・かかりつけ医との緊密な連携の上で、慎重な配慮がなされなければなりません。安静の確保、感染の防止、医療機関とのネットワークなど病児等の受け入れ体制を整える

ことが大切です。万全の体制を取っていても感染が起こる可能性について保護者の理解と同意を得ることも必要になってきます。病気の回復期は、心身ともに十分な看護と保育が必要になります。保育にあたる保育者は、病気の症状や病気の経過も踏まえて、保育の内容を考えなくてはなりません。また、病気の子どもの気持ちや情緒の安定にも心を配ることが求められます。特別食を提供するための人的配置なども含めて、医療と保育が一体化した体制づくりを進めることが求められています[2]。

4 ── 預かり保育

　幼稚園においても、保護者の子育てへの不安や孤立感の高まりなどのさまざまな状況に対応するために、2007（平成19）年の学校教育法の改正により、新たに幼稚園の役割として子育て支援が位置づけられ、さらに、2008（平成20）年には、子育て支援のいっそうの充実をめざした幼稚園教育要領の改訂が行われました。

　幼稚園教育要領第3章の1には、「地域の実態や保護者の要請により、教育課程に係る教育時間の終了後等に希望する者を対象に行う教育活動」として「預かり保育」の実施にあたっての留意事項が示されています。

　また、預かり保育によって長時間にわたって保育が実施されることもありますので、幼稚園においても一定の養護が必要になります。情緒の安定が保障され、家庭的な雰囲気に配慮して計画性をもった活動が求められます。なお、保育者が交替・連携する際には、一人一人の子どもたちの健康状態、様子などを把握し、適宜対応できるように引き継ぐことが大切です。

3 | 地域の子育てを支援する保育者

　保育者は、園に通う子どもとその保護者を支えるだけではなく、昨今の子育て環境の変化から、地域全体の子育て中の保護者を支援する役割も期待されています。法的には、第1節で述べたように、幼稚園は学校教育法第24条、保育所は児童福祉法第48条の4に努力義務として定められています。

　また、保育所の地域における子育て支援については、保育所保育指針「第4章　子育て支援」の「3　地域の保護者に対する子育て支援」に次のように示されています。

> (1) 地域に開かれた子育て支援
>   ア　保育所は、児童福祉法第48条の4の規定に基づき、その行う保育に支障がない限りにおいて、地域の実情や当該保育所の体制等を踏まえ、地域の保護者等に対して、保育所保育の専門性を生かした子育て支援を積極的に行うよう努めること。
>   イ　地域の子どもに対する一時預かり事業などの活動を行う際には、一人一人の子どもの心身の状態などを考慮するとともに、日常の保育との関連に配慮するなど、柔軟に活動を展開できるようにすること。
> (2) 地域の関係機関等との連携
>   ア　市町村の支援を得て、地域の関係機関等との積極的な連携及び協働を図るとともに、子育て支援に関する地域の人材と積極的に連携を図るよう努めること。
>   イ　地域の要保護児童への対応など、地域の子どもを巡る諸課題に対し、要保護児童対策地域協議会など関係機関等と連携及び協力して取り組むよう努めること。

　幼稚園における子育て支援について、幼稚園教育要領第3章の第2の2によれば、「幼稚園の運営に当たっては、子育ての支援のために保護者や地域の人々に機能や施設を開放して、園内体制の整備や関係機関との連携及び協力に配慮しつつ、幼児期の教育に関する相談に応じたり、情報を提供したり、幼児と保護者との登園を受け入れたり、保護者同士の交流の機会を提供したりするなど、幼稚園と家庭が一体となって幼児と関わる取組を進め、地域における幼児期の教育のセンターとしての役割を果たすよう努める」こととして子育て支援の充実が求められています。

4　地域における子育て支援の内容

　幼稚園や保育所が行っている子育て支援は、地域の実情に応じてさまざまな取り組みが行われています。
　以下に、主な取り組みと保育者の役割について概観します。

1── 地域型保育事業

　地域型保育事業は、2015（平成23）年にスタートした子ども・子育て支援新制度の中で児童福祉法第24条第2項に位置づけられた、事業者と利用者の直接契約に基づく事業です。小規模保育事業（定員6〜19人／A・B・Cの3類型）、家庭的保育事業（定員5人以下）、事業所内保育事業（地域の子どもも対象）、居宅訪問型保育事業の4つの形態があります。

1 小規模保育事業

　小規模保育事業は、利用定員6人から19人とする保育を提供する事業です。従来の保育所の規模に満たない事業についても、保育の質を担保した上で、地域の保育の受け皿として確保するため、子ども・子育て支援新制度において、市町村認可事業（地域型保育事業）として位置づけられたものです。このため、現行の認可外保育施設やへき地保育所、グループ型小規模保育事業などから幅広く認可事業に移行できるように、乳幼児の保育に直接従事する職員を3つのタイプで運用できる幅をもたせています。職員は保育士に限るA型、保育に従事する職員の半数以上を保育士とするB型、現行のグループ型小規模保育を前提としたC型の3つのタイプの事業種類があります。ただし、保育の質を担保する観点や、事業特性として小規模であることを踏まえ、保育所の保育士数よりも手厚い人員配置が必要とされています。

2 家庭的保育事業

　家庭的保育事業は、保育者の居宅、その他の場所で行われる小規模の異年齢保育です。2008（平成20）年の児童福祉法改正にともなって家庭的保育（保育ママ）が法制化され、保育事業として2010（同22）年度より実施されており、保育所と連携しながら、ともに地域の子育てを支援しています。待機児童の緊急対策として期待されていますが、多様なニーズをもつ子育て家庭に対応する保育の選択肢の1つとして、その必要性が認識されつつあります。

　家庭的保育者は、孤立性や密室性のリスクを回避するために、地域の資源を活用しながら開かれた保育を心がける必要があります。そのため、第3節で詳述する通り、地域の保育所との連携は、家庭的保育者にとって大きな支えとなります。

2── 子育て相談

地域住民が密接に交流していた頃は、三世代以上の家族構成が多く、子育てを分担し支え合ってきました。また、自然と子育て相談のできる相手も身近に存在していました。しかし、核家族化、地域での交流の減少によって、子育て相談は、園の役割として期待されており、保育者が園内のみならず、地域の保護者の相談窓口になっています。巡回の臨床心理士、子育て相談の専門家などによる相談日を設けている園も多くなっています。

3── 放課後児童健全育成事業（放課後児童クラブ、学童保育）

仕事などの事情によって、保護者が昼間、家庭にいないおおむね10歳未満の小学生に対して、放課後や長期休暇中に保護者に代わって、学校の空き教室、児童館・児童センター、幼稚園や保育所などで行われる保育です。全国学童保育連絡協議会の調査の結果、2016（平成28）年5月1日現在、学童保育の「支援単位」数は全国に2万7,638、入所児童数は107万6,571人にのぼることが明らかになりました。

新制度導入にあたり、2014（平成26）年4月に制定された厚生労働省令「放課後児童健全育成事業の設備及び運営に関する基準」で、児童の数をおおむね40人以下とする「支援の単位」が示されました。これにともない、全国学童保育連絡協議会では、2015（同27）年から実施か所数を「支援の単位」をベースに集計を行っています。

児童数は、どの学年でも前年比増となっていますが、特に4年生、5年生が増えています。これは、2015（平成27）年から対象児童が6年生まで引き上げられたことによると考えられます。労働省の調査によれば、放課後児童クラブ数は全国で2万か所以上あり、登録児童数は83万人をこえています。

また、厚生労働省は、「放課後児童クラブガイドライン」を策定し、開所時間、施設・設備、職員体制、保護者への支援・連携、安全対策など放課後児童クラブを運営する上での基本的事項を示しています。

4── 地域子育て支援拠点事業

子育て支援の拠点としては、保育所だけではなく、保育者がショッピングセンターなどの商業施設や公民館といった地域の親子が集まりやすい場所に出向くことによって、さまざまな場所を子育ての拠点とする取り組みがあり

ます。地域子育て支援拠点事業とは、子ども同士、保護者同士の交流の場を提供し、子育てなどの相談や援助を行ったり、地域の子育て関連情報の提供、子育てに関する講習などを行うことを基本とした事業です。

　常設の地域の子育て拠点を設け、地域の子育て支援機能の充実を図る取り組みを実施する「一般型」のほか、児童福祉施設等多様な子育て支援に関する施設に親子が集う場を設け、子育て支援のための取組を実施する「連携型」があります。

5──園庭開放

　地域の空き地、鎮守の杜、広場、路地など自然環境豊かな子どもの遊び場は、急激に進行した宅地造成や車社会の進展による道路整備などによって減少してきました。また、子どもを対象とした事件が頻発しており、子どもたちだけで安心・安全に遊べない環境になっています。これらの自然離れ、戸外での異年齢交流の減少を鑑み、園は、子どもたちが安心して遊ぶことのできる場所として施設や園庭を定期的に開放しています。

　現状は、原則として保護者同伴であったり、子どもたちの安全を見守る人員不足などの課題はありますが、後述する放課後児童クラブ（学童保育）の子どもたちや地域の子どもたち同士が交流できる場となり、今後、地域の遊び場の拠点としての機能を果たすことが期待されています。

6──親子保育体験

　園が、未就園の子どもと保護者に対して、保育体験を実施しています。たとえば親子でままごとをしたり、既製の遊具で遊んだり、また、みんなで絵本や紙芝居を見たり、手遊びをしたり、園庭で遊んだりします。親子でいろいろな人と出会える機会となり、また、さりげなく保育者から子育てのアドバイスや子育ての喜びが感じられる話をすることもあります。

7──一時預かり事業

　昨今の孤立しがちな育児環境や保護者の多様な就労形態などによって、家庭において保育を受けることが一時的に困難となった子どもに対して、主として昼間に一時的に預かる保育を行っています。保育所は、単に遊び場を提供するだけではなく、原則として専用の部屋を用意し（クラスに加わるケ

スと別の場所で行うケースがある)、また、在園児との交流をもちながら保育を行います。

一時保育を行う場合には、保育所全体がその意義を認識し、積極的に取り組むことが必要とされます。はじめて保育に参加する子どもや、保育者との愛着関係が育っていない、また、個々の状況が十分に把握しきれないなど、通常保育とは異なる要素が多くあります。保育者は、養護的側面が主として機能しなければならないことを念頭に置き、安全に配慮しながら、事故責任への対応も明確にして保育方法を工夫することが求められます[3]。

第3節　保護者や地域との連携のために

1　保護者との協働

保育者は、保護者との信頼関係を築き、協力し合って「共に育て合う保育」を行うためには、保護者のわが子に対する思いや幼稚園・保育所・認定こども園に対する期待を把握しなければなりません。子どもや保護者の行動の意味や思いをしっかりと受信できてはじめて、子どもの発達促進や保護者支援、保護者の理解や協力を得るための発信ができることを肝に銘じておく必要があります[4]。

保育者と保護者の協力体制を築くためには、日頃から保育理念や保育方針、保育内容・方法などをさまざまな機会を通して伝えるとともに、保育参観・保育参加、個別面談などを実施することが有効です。

❶連絡帳

旧来から保護者と保育者とのコミュニケーションの主軸を担ってきたのは連絡帳です。保護者は、今日1日のわが子の様子について伝えてもらうことを楽しみにしています。特にバス通園などの園や、学期に数回しか顔をあわさない関係においては、大切な連絡手段です。保育者は、園内での健康状態、様子、仲間関係など目に見えることから、その子どもの気持ち、心の状態まで、把握したことを具体的に保護者に伝わるように記述しなくてはなりません。連絡帳は書き方を工夫して、同じ内容でも楽しく感じるように心がけます。また、保護者が書いていることを心にとめて保育することは、信頼関係の基礎を築きます。

2 保育参観・保育参加

保育参観・保育参加は、子どもが園で生活する様子を実際に見る、参加する機会です。保護者も保育を目にすると不安が解消されたり、また、自分の子どもの課題が見出されたりと保育者と共通の話題をもって教育や保育のあり方について考えることができます。

保育参観では、行事やお誕生会など特別な機会に参観することが多いようです。保育参加では、実際に子どもが保育されている中に保護者が参加し、子どもたちとともに遊び、食事などをすることを通して子どもの生活にふれます。また、保育者の子どもへの関わりを間近で見ることを通して、子どもへの関わり方を知る機会となります。保護者自身が子どもとしっかり関わる楽しさを感じ、わが子や同世代の子どもを理解するよい機会になります。

3 園だより、クラスだより

園だよりは、在園児の様子、園のカリキュラム、園の行事、保健、安全、子育て支援など各家庭に知らせておく必要のある園全体に関することがらを伝えるおたよりです。また、クラスだよりは、保育者が自分の担当するクラスの子どもたちの様子や連絡事項を伝えるクラスごとのおたよりです。

焦点の定まらない長文はなかなか読まれませんので、普段からわかりやすく、保護者に信頼と安心感を与える書き方に心がけ、園やクラスの運営に活かすようにします。

4 インターネットによる情報公開

これまでは、園の保育方針や入園案内が掲載されるウェブサイトが多く見受けられましたが、最近では、SNS（Facebook・ブログ等）による情報公開を行っている園が増加しています。インターネットに掲載する内容の意味合いが変わってきているようです。更新頻度は園により違いはありますが（毎日・週単位等）、保育の内容の紹介や保護者との交流・連携を図ることを目的にしている事は一致しています。各園が独自に情報を提供する場合と、市区町村単位でまとめて情報を提供する場合などがあります。また、保育の様子（写真・文章）を掲載し、各クラスや各園での取り組みを保護者に伝える役割も果たしています。

なお、苦情処理が義務づけられている事から、苦情処理の相談窓口はどこか、どのように解決していくか等について掲載されているケースもあります。加えて、第三者評価や事業報告等を掲載しているケースも多くなっています。

2　専門職間及び専門機関との連携

1──保育者が協働するさまざまな専門職及び専門機関

　保育者は、疾病・傷害や事故、感染症発生時、健康管理、保健計画の策定、食育の計画・実践・評価、また、病児、障害のある子ども、食物アレルギーの子どもの対応など健康や安全に関する体制づくりにあたってさまざまな専門職や専門機関と連携（チームアプローチやネットワークづくり）を図っていく必要があります（表7-1参照）。

　たとえば保育所には、保育者以外に専門的な技能をもつ職員として、嘱託医や看護師などの保健・医療に関わる職員と、栄養士や調理員といった食事・栄養に関わる職員が配置されています。そういった組織内の専門職間はもち

表7-1　子どもを支える主な専門職

児童福祉に関連する機関	児童福祉施設の福祉専門職	その他の領域
児童相談所 児童福祉司 相談員 医師、保健師 児童心理司 心理療法担当職員 弁護士 児童虐待対応協力員	保育士 　乳児院、母子生活支援施設、保育所、児童養護施設、障害児入所施設、児童発達支援センター、児童心理治療施設 保育教諭 　幼保連携型認定こども園 児童指導員 　乳児院、児童養護施設、障害児入所施設、児童発達支援センター、児童心理治療施設	**司法（警察関係）領域** 家庭裁判所調査官 法務教官、法務技官 保護観察官、保護司 少年補導員、少年警察協助員
福祉事務所 社会福祉主事 母子自立支援員 家庭児童福祉主事 家庭相談員	母子支援員、少年を指導する職員（少年指導員） 　母子生活支援施設 児童の遊びを指導する者（児童厚生員）※ 　児童厚生施設 児童自立支援専門員、児童生活支援員※ 　児童自立支援施設	**教育領域** 教諭・養護教諭 スクールカウンセラー スクールソーシャルワーカー 特別支援教育コーディネーター 生徒指導主事、進路指導主事 教育相談員、社会教育主事
保健所 医師 保健師、助産師、看護師 精神保健福祉相談員	家庭支援専門相談員（ファミリーソーシャルワーカー） 　乳児院、児童養護施設、児童心理治療施設、児童自立支援施設 個別対応職員 　乳児院、児童養護施設、児童心理治療施設、児童自立支援施設	**保健・医療領域** 医師、看護師、保健師、助産師 臨床心理士、心理療法士 理学療法士、作業療法士、言語療法士 医療ソーシャルワーカー、精神科ソーシャルワーカー 栄養士
婦人相談所 婦人相談員 心理判定員 医師	児童発達支援管理責任者 　障害児入所施設、児童発達支援センター	**労働関係** 勤労少年ホーム指導員、職業相談員

※児童厚生施設に配置される児童の遊びを指導する者、児童自立支援施設に配置される児童生活支援員は、保育士、社会福祉士などが資格要件となっています。
出典：千葉茂明編『新エッセンシャル児童・家庭福祉論［第2版］』みらい　2013年　p.254を改変

ろん、児童相談所、福祉事務所、市町村、病院や診療所、保健センター、保健所、療育センター、福祉施設、学校、教育委員会、警察・消防などの他の専門機関のほか、つどいの広場、児童館、ファミリー・サポート・センター、家庭的保育、児童委員・主任児童委員などのボランティア、特定非営利活動法人（NPO法人）などの民間団体、地域住民などとの連携が重要です。

まずは、地域にどのような専門機関があるのか、また、各専門機関の機能や仕組み、制度をしっかり把握し、日頃から連絡を密に取り合い、相互理解を図ることが求められます。

2──虐待防止などに関する連携

日頃の子どもと保護者の様子を通して、子どもが不適切な養育や虐待を受けているかもしれないと感じたときは、速やかに市町村や都道府県の設置する福祉事務所などに通告しなければなりません。また、2004（平成16）年の児童福祉法改正では、虐待を受けた子どもなどに対する市町村の体制強化のため、関係機関が連携を図り児童虐待などへの対応を行う「要保護児童対策地域協議会」（子どもを守る地域ネットワーク）の設置が進められました。要保護児童対策地域協議会は、児童福祉関係はもちろん、保健・医療、教育、警察・司法、人権擁護、配偶者からの暴力に対応する関係機関・団体、児童福祉関連の職務に従事する者などから構成されています。特に地域子育て支援センターの機能をもつ保育所の場合は、この協議会の一員として積極的に参画し、協力することが求められています。

3──障害のある子どもの支援に関する連携

障害のある子どもは、発達段階に応じて、一人一人の多様なニーズに対応した生涯にわたる一貫した適切な支援を行うことが必要です。そのためには、幼稚園や保育所だけではなく、家庭、療育機関、保健・医療機関のほか、教育、労働などの関係機関が適切な役割分担のもとに連携して一貫した効果的な相談支援体制を構築し、「個別の支援計画」[→2]を策定して効果的な支援を行うことが求められています（図7-3参照）。

また、児童福祉法の改正により、2012（平成24）年度から、園を現在利用している、または、今後利用する予定の障害のある子どもが、集団生活に適応するための専門的な支援を必要とする場合に、児童発達支援センターなどの障害児施設で障害のある子どもに対する指導経験のある児童指導員や保育

[→2]
「個別の支援計画」と「個別の教育支援計画」の関係については、「個別の支援計画」を関係機関などが連携・協力して策定するときに、学校や教育委員会といった教育機関などが中心になる場合に、「個別の教育支援計画」と呼称しているもので、概念としては同じものになります。

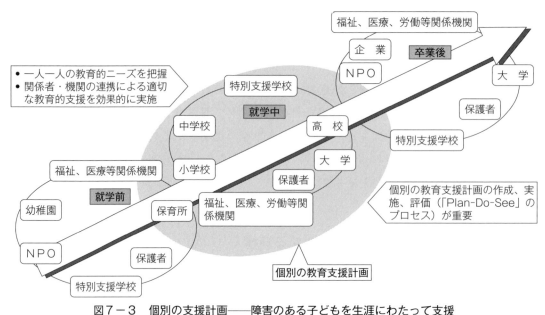

図7-3　個別の支援計画──障害のある子どもを生涯にわたって支援
出典：独立行政法人国立特殊教育総合研究所「『個別の教育支援計画』の策定に関する実際的研究」2006年　p.17

士が訪問して、障害のある子ども本人への訓練や訪問先の施設のスタッフへの指導などを行う「保育所等訪問支援」が行われています。これにより障害のある子どもが、園を安定して利用できるようになり、また、保育者は、専門的な対応や知識・技術を学び、情報交換を通じて子ども理解を深めていくことにつながります。

4──小学校との連携

　保育者は、子どもが幼稚園や保育所などから小学校にスムースに移行できるように、日頃から、保育者と小学校の先生との連携が必要です。幼稚園や保育所などの保育が、小学校やその後の教育の基礎であるとされ、「子どもの発達の連続性」から小学校教育と接続・連続させていくことが重視されています。

　特に2000（平成12）年前後から小学校1年生での授業の混乱が見られる「小1プロブレム」が都市部の小学校で指摘されるようになり、保育者と小学校の先生との連携・協働と相互理解がよりいっそう求められています。

　小学校との連携について、幼稚園教育要領と保育所保育指針では、2008（平成20）年に改正された際に強調され、2017年（平成29）年に改訂された幼稚園教育要領では、「幼稚園教育において育まれた資質・能力を踏まえ、小学校教育が円滑に行われるよう、小学校の教師との意見交換や合同の研究の機

会などを設け、「幼児期の終わりまでに育ってほしい姿」を共有するなど連携を図り、幼稚園教育と小学校教育との円滑な接続を図るよう努めるものとする」（第1章第3の5）と示され、保育所保育指針、幼保連携型認定こども園教育・保育要領においても同様の内容が示されました。さまざまな交流活動を通して、子どもが小学校生活に見通しがもてるようになること、保育者と小学校の先生がお互いの教育について理解を深めることが大切です。

5──地域子育て支援における地域との連携

■1 乳児家庭全戸訪問事業、養育支援訪問事業

　地域の子育て支援の中には、子育て家庭を訪問して必要な支援を行う「乳児家庭全戸訪問事業（こんにちは赤ちゃん事業）」や「養育支援訪問事業」があります。

　乳児家庭全戸訪問事業は、生後4か月までの乳児のいるすべての家庭を訪問し、さまざまな不安や悩みを聞き、子育て支援に関する情報提供などを行うものです。訪問者は、親子の心身の状況、養育環境などを把握して必要な助言を行い、支援が必要な家庭に対しては適切なサービス提供につなげます。このようにして、乳児のいる家庭と地域社会をつなぐ最初の機会とすることにより、乳児家庭の孤立化を防ぎ、乳児の健全な育成環境の確保を図ります。訪問者には、愛育班員、母子保健推進員、児童委員、子育て経験者など幅広い人材が登用されています。

　また、養育支援訪問事業は、訪問支援者が、育児ストレス、産後うつ病、育児ノイローゼなどによって子育ての不安や孤立感を抱えている家庭、あるいは乳児家庭全戸訪問事業で把握した養育支援が必要な家庭などを訪問し、さまざまな問題の解決、軽減を図るものです。たとえば、子育て経験者などが育児・家事を援助したり、保健師などが養育に関する具体的な指導や助言を行います。

　保育者は、地域全体の子育ての状況を把握し、地域子育て支援に関わるさまざまな関係者と連携することが求められています。

■2 さまざまな人材の積極的活用──子育てを支える地域社会をつくる保育者──

　保育者は、子育て家庭だけではなく、地域のさまざまな人たちが子育てに参画する機会を提供し、多様な人材を積極的に活用して地域の子育て支援ネットワークを構築することが重要です。子育て家庭の支援は、民生委員や

児童委員、地域のボランティアなどの支えが大きな力となっていますが、その他にも地域には多様な人的資源があります。たとえば、地域で家庭文庫を開いている人との交流を通して多くの本にふれたり、竹とんぼの作り方や飛ばし方を名人から教わったり、戦争体験を高齢者から聞いたりすることは、日常生活において、社会のさまざまな文化や伝統にふれる経験や幅広い世代との関わりが少なくなっている現代において貴重な経験となります。

また、地域全体に子どもと保護者を見守る体制を広げていくことも重要です。子どもを見守る人が地域に存在することは、子どもや保護者だけのためではなく、中高年世代にとっては子どもに関わる喜びが得られ、また、若者世代にとっては子育てを学ぶ場となります。

3 地域型保育事業を担う人たちとの連携

前述の通り、小規模保育事業・家庭的保育事業は、保育者の居宅などの場所で行われる小規模の異年齢保育ですが、その中には、個人の小規模保育者・家庭的保育者（以下「小規模保育者等」）が行う「個人実施型保育」のほかに、保育所などを運営する法人が小規模保育者等を雇用し、保育の実施について、その保育所が技術的な支援を行う「保育所実施型保育」があります。

保育所実施型保育の場合は、小規模保育者等を雇用する保育所の支援を受けますが、個人実施型保育の場合には、市町村は、小規模保育者等に対する支援の体制整備の一環として「連携保育所」を確保することになっています。地域の保育所が連携保育所として指定され、小規模保育者等への助言や指導、定期的な集団保育の体験、園庭開放の利用、季節行事などへの参加、保育所の嘱託医による健康診断などを行います。また、小規模保育者等が休暇などによって保育が行われない場合に代わりに保育を行います。これによって、家庭的保育の子どもと保育所の子ども、あるいは小規模保育者等と保育所の保育士との交流などを図ります。また、保育士以外の看護師や栄養士などの専門職に小規模保育者等が相談しやすい関係を築くことで、小規模保育者等の孤立化を防ぐようにしています。

多くの家庭的保育者は、家庭的保育補助者（市町村が実施する基礎研修を修了した者）とともに保育をしています。子どもが3人以下の場合、家庭的保育者が1人で保育をすることはできますが、食事時間などに家庭的保育補助者から短時間の援助を受けて複数で関わり、安全でゆとりのある保育を行っています。

また、個人実施型、保育所実施型のどちらであっても、さらに保育に関する技術的な支援などが必要な場合には、「家庭的保育支援者」の支援を受けることになっています。家庭的保育支援者とは、保育士であり10年以上の保育所における勤務または家庭的保育の経験があり、一定の研修を修了して市町村長の認定を受けた者で、家庭的保育者や家庭的保育補助者に対して定期的に訪問して指導や支援を行います。保育中は自由に動けない家庭的保育者にさまざまな情報を届けたり、家庭的保育者に代わってニーズを適切な専門機関につなげる役割を担います。

　このように、家庭的保育者を重層的に支援するために、近隣の保育所などと連携して、ともに地域の子どもを守り育てることが大切です。

◆引用文献
1）森上史朗・大豆生田啓友編『よくわかる保育原理』ミネルヴァ書房　2008年　p.165
2）巷野悟郎・植松紀子編『0歳児・1歳児・2歳児のための乳児保育』光生館　2007年　pp.168-169
3）同上書　p.171
4）柏女霊峰・橋本真紀『＜増補版＞保育者の保護者支援――保育相談支援の原理と技術』フレーベル館　2010年　p.42

◆参考文献
柏女霊峰・橋本真紀『＜増補版＞保育者の保護者支援――保育相談支援の原理と技術』フレーベル館　2010年
阿部和子編『演習　乳児保育の基本』萌文書林　2007年
家庭的保育研究会『家庭的保育の基本と実践　改訂版――家庭的保育基礎研修テキスト』福村出版　2011年
厚生労働省・児童家庭局保育課：改定保育所保育指針研修会テキスト
汐見稔幸・小西行郎・榊原洋一編『乳児保育の基本』フレーベル館　2007年

学びを深めるために❻

「保育者の多様な役割」について、まずは素朴な印象を整理し、その後に学んだことをもとに整理し直すことによって、学び合い、学びを深めます。正解はありません。素人の素朴な知から専門知への変化を実感することがもう一つのねらいです。

 本章を読む前に保育者の多様な役割を考えてみましょう。

【用意するもの】
　模造紙、付箋紙
【グルーピング】
　4〜8人ぐらいに分けると良いでしょう
【手順】
①保育者の多様な役割の要素をできるだけ具体的に、またたくさん付箋紙に書き出して模造紙に貼っていきましょう（5分）。
②話し合いながらそれらを分類し、数個程度の大項目に分けて大項目に見出しをつけましょう（5分）。
③どのような大項目が出てきたか、グループ間で発表し合いましょう(10分)。

Work2 本章を読んだ後で保育者の専門性を考えてみましょう。

　本文を通した授業の後で、新しい模造紙を用意し、ワーク1と同じ事をしてみましょう。
【手順】
①授業を通して学んだことをもとに、改めて、保育者の多様な役割の要素をできるだけ具体的にたくさん付箋紙に書き出しましょう。
②話し合いながらそれらを分類しましょう。その際、ワーク1で出された付箋紙も合わせて新しい模造紙の方に分類し直し、それらの大項目に見出しをつけましょう。
③自分たちの見方がどのように変化したかについて簡単に感想を交し合いましょう。
④保育者の多様な役割がどのように整理され、またこのワークから何を学んだかについて、グループ間で発表し合いましょう。

第 **8** 章

保育者の成長

　皆さんは、どのような保育者になりたいですか？　子どもの幸せを願い、たくさんの笑顔を引き出す保育者って素敵ですよね。でも、子どもにとっては、担任の先生の笑顔が最高の幸せかもしれません。
　本章では、子どもも保育者も笑顔になり、楽しく過ごすためのプロセスや保育者の研修についての理解を深めましょう。

第1節　保育者の資質向上とは

1　保育者に求められる資質

1——保育者の資質

　2017（平成29）年3月に告示された保育所保育指針「第5章　職員の資質向上」には、質の高い保育を展開するために保育者の「専門性の向上に努める」よう明記されています。ここで言う「保育者の資質」とは、何を指すのでしょう？

　日本の保育所、幼稚園、認定こども園などで行われる保育の多くは、集団保育です。日本の公的施設における保育での、保育者の専門性は、「集団の子どもを対象としながら、個々の子どもの心身の発達を保障すること」と言えます。集団保育のすばらしさ・楽しさと難しさが共存する中で、プロと言われる現役の保育者の先生方でさえ、やりがいを感じつつも、日々、悩み、迷いながら子ども達と向き合っています。

　知性、体力、柔軟性、発想力…様々な力が求められる保育者です。ここでは、その保育者の資質を語るための前提として、先に述べた「集団保育のすばらしさ・楽しさと難しさ」について、触れていきましょう。

■1 集団保育のすばらしさ・楽しさ

　まずは事例8-1を読んでみましょう。この事例からどのようなことがわかるでしょうか。

事例8-1　おやつの後の朝の会【0歳児10名、保育者4名】

　主の保育者⑪を囲うように子ども達、他の保育者⑫⑬が座る。⑭は、おやつの片づけをしています。

4月　一人一人が椅子（食事やおやつの際に使用するもの）に座って、保育者が楽しげに実践する歌や手遊びの様子をじっと見ています。

7月　低月齢児のみ個人の椅子に座り、他の子どもは牛乳パック製の長いすに座っています。長いすに座っている子どもたちは、主の保育者⑪の動きや声に合わせて、身体を揺らしたり、腕を動かしたりしています。時々、長椅子から降りて寝転がる姿が2名ほどありますが、手は動かしたり保育者や友達のようすを見たり、保育者と目を合わせて、ニコ〜とほほ笑むこともあります。

2月　保育者が大きな敷物を敷くと、子どもたちが自然とそこに集まります。子ども同士、ちょうどよい距離感で、団子状になった座り、主の保育者の投げかけに、同調しながら参加します。他の子どもと「楽しいね〜」と言わんばかりに顔を見合わせている子も複数見られます。

この事例の中で、たとえば、4月から2月までの物的・空間的変化、保育者の援助は、子ども集団の育ちとどう関係しているのでしょうか。また、0歳児10名ということも踏まえ、集団保育のすばらしさ・楽しさをこの事例から探してみましょう。

事例8-2　異年齢保育での自由遊び（製作コーナー）【3～5歳児：5月】
　5歳児が作っているバーベキューごっこの焼きとうもろこしを「あんな風に作りたいな～」という目で見つめる3歳児。自身で作ることのできる焼きウインナーを割り箸と色画用紙で作っている。セロハンテープをテープカッターでうまく切ることができずにいますが、保育者を頼ることなく、自分でやりたい！　という思いを強くもっている様子です。

　遊びは、憧れの対象があって「真似したい！」という動機によって、成立します。真似したいという感情から、よく対象を観察し、模倣しようとします。まだ自分にはその真似が難しいようであれば、「大きくなったらあんな風にやってみたい」と思うこともあるでしょう。それが地域の遊びの伝承のスタイルでした。現代の地域…公園や家の周辺では、その異年齢への憧れからスタートする観察・学習の機会は少ないです。だからこそ、公的施設の保育は、一層重要なのです。このように異年齢での活動が難しくとも、同じクラスの子どもや保育者が「真似したい！」対象であれば、憧れ→観察・学習の流れは可能です。このことに関連し、幼稚園教育要領、およびその解説書に教師の役割は「モデル」「共同作業者」と明記してあります。集団保育だからこそ、人、物、場が整っていれば、「真似したい！」の選択肢が保障しやすいと言えます。

2 集団保育の難しさ

事例8-3　一人一人に寄り添う

実習生のサキが一人一人の子どもに丁寧に関わろうとしていると、担任の先生より「もう少し全体が見られるといいね」と言われてしまいました。また、実習記録を書こうと思っても、自分が関わっていない子ども達のようすが思い浮かばずサキは困ってしまいました。

事例8-4　全体を把握する

実習生のサキは、先日の反省を生かして、クラス全体を見ようと意識しました。すると今度は、担任の先生に「もっと子ども達と関わるといいよ」と言われてしまいました。

保育者は、「集団の子ども達」を対象としています。全体把握をして安全保障、援助の優先順位を考えることと同時に、子ども個々の発達を把握し、内面理解をした上で、発達保障をしなくてはなりません。全体把握と個への援助を同時に行わなくてはならないことが集団保育を実践する保育者の最大の難しさと言えるでしょう。

2 ── 保育者の資質を考える理論的視点

保育所保育指針、幼稚園教育要領、そして幼保連携型認定こども園教育・保育要領には「環境を通して」子どもの主体的な姿を保障するよう明記してあります。環境を通して、子どもの主体的な姿を保障するとは具体的にどうすることでしょうか。また、先に述べたように、集団保育のすばらしさを実感し、難しさを乗り越えることはどうしたら可能なのでしょうか。日本の集団保育において、安全保障と子ども個々が主体的に環境（人、物、場）に関わるための環境と援助について理論化した小川博久の遊び保育論の視点をもとに、押さえてみましょう。詳細は第4章を参照してください。

保育の環境＝人、物、場の相互の関連により成立（保育所保育指針）
☆子どもが主体的に環境に関わるために…どこになにがあるかがわかる**拠点性**、観察学習ならびに安全を保障するための「見る―見られる」、観察学習＋模倣を促す**モデル性**、情緒の安定につながる**同調・応答**
☆保育者の「関わりながら見る」を可能にする**保育者の位置取り**、言葉でのやりとりよりも同じ物を扱う**遊びの仲間としての関わり**　等

以上の遊び保育論の視点を踏まえ、下記事例8－5を通して、新保育所保育指針・幼稚園教育要領に記載されている幼児期の終わりまでに育ってほしい10の姿とどうリンクするのかを考えましょう。

事例8－5　レストランごっこ
【5歳児27名、保育者1名、加配保育者1名：11月】

　運動会後、10月中旬から製作コーナーのお花紙や画用紙、毛糸等で女児が作ったオムライスとジュースをきっかけとして、スパゲティーやハンバーグ、サンドイッチを作る子どもたちが増えました。11月に入ると、「レストランごっこがしたい！」という声が上がり、どんなメニューがあるとよいか、お店とわかるような看板やお店屋さんとわかるエプロン、コック帽等、レストランごっこのシンボル作りや役割分担が子ども達の話し合いによって決まっていきました。子ども達からは、「赤い毛糸はケチャップに見えるね」「ドリンクバーも欲しいよね！どうするといいかな…」「この間お散歩で拾ったドングリもごちそうに使えないかな」等、試行錯誤してアイデアを出し合う姿が見られました。保育者も「私はエビフライを作ってみよう！」と言いながら、エビの身に見立てた色画用紙を丸めたものに、尻尾に見立てたオレンジ色の色画用紙をのりで貼ってみた。途中、お客さんが来ないという状態があり、何度も話し合いをし、お客さんのシンボル（かばん、財布、お金）や役割が追加されていきました。
　クラス内でのレストランごっこが安定して展開されるようになると、小さい組の子たちをお客さんとして呼ぼうという声があがり、お友達を招くためのルール決めやお手紙作りについて子ども達が相談をしながら進んでいきました。

表8−1　幼児期の終わりまでに育ってほしい10の姿

ア	健康な心と体	カ	思考力の芽生え
イ	自立心	キ	自然との関わり・生命尊重
ウ	協同性	ク	数量や図形、標識や文字などへの関心・感覚
エ	道徳性・規範意識の芽生え	ケ	言葉による伝え合い
オ	社会生活との関わり	コ	豊かな感性と表現

　ここで、事例をもとに下記についてわかることを話し合ってみましょう。
①事例及びイラストから、遊び保育論のキーワード（ゴシック体部分）が当てはまる部分を探してみましょう。保育の環境（人・物・場）の視点も合わせて考えてみると、キーワードとの関係性が見えてきますよ。
②事例及びイラストから、幼児期の終わりまでに育ってほしい10の姿が当てはまる部分を探してみましょう。

2　保育者のキャリア

　保育者のキャリアといった場合、経験年数と保育実践や悩みの質的段階の大きく2つに大別されます。就職してすぐは、誰しも保育者としてだけではなく、社会人としてまさに「右も左もわからない」という状態でしょう。保育者のキャリアが経験年数と共に豊かになり、様々なコツがつかめるとか保育という仕事の流れがわかるということはあります。研修によっては、様々な経験年数の区切り方がありますし、公立や私立の園によってもその捉え方は異なることがあり、一概に、何年目までが中堅で何年目以上がベテラン等とは、決まっていません。したがって本項では、おおまかに新任時代と中堅〜ベテラン時代に分けて経験年数によるキャリアについて見ていきます。

1──経験年数によるキャリア

❶新任時代

　新任であってもクラス担任として、「せんせい」と呼ばれることに、嬉しさと責任を感じる時期です。この頃は、「わからないことがわからない」時期とも言えるでしょうが、同僚の先生や主任先生とのコミュニケーションをこまめに取り、今、自分がすべきことと自分ができることを見極めましょう。ベテランの先生のような保育はできなくて当然。新任にしかできない一生懸

命で真っすぐな姿は、子どもだけでなく、子どもの保護者にも何か伝わるものがあるでしょう。

事例8－6　保育所時代の記憶

　サクラ先生は、大学を卒業して3か月。そして4歳児クラスもも組の担任になって3か月。お昼寝のときには、寝ない子や保育室を歩き回ってしまう子などがいて、その子たちを寝かせようと奮闘。集まってお話をするときにも、集中が続かない子がいたり…でも、クラスの子どもたちは、一緒に思いきり身体を動かして遊んでくれたり、ゲラゲラと一緒に笑ってくれたりするサクラ先生が大好き。

　また、日々の保育でサクラ先生が子どもとの関わりで感動したこと、発見したことなどを「号外クラスだより」でこまめに発信することで、保護者の方たちとのコミュニケーションも増えました。

　ベテランの先生が担当している隣のクラスのように落ち着いた雰囲気は、もも組にはあまりありませんが、サクラ先生の「子どもたちが大好き！」は、子どもにもその保護者にも伝わっていたようです。

　20年後。もも組の子どもたちと、その保護者との食事会が実現しました。その際には、「あの発表会の劇でやった役がさあ…」「先生があの時、書いてくれたお手紙今でも持ってるよ」等、保護者からだけでなく、子どもたちからも思い出話がたくさん出てきました。

　保育者という仕事は、子どもたちの人格形成を担う責任ある仕事であるにもかかわらず、その対象である子どもは、その時のことをあまり覚えていない…などと言われることがありますが、そうとも限らないようですよ。

2 中堅～ベテラン時代（およそ5年目以降）

　中堅時代が経験年数何年以上かなどは、明確に定義されているわけではありませんが、園組織の中で後輩のサポートや園内の責任ある役割を任される時期です。自身の保育観や自分らしい保育といったものが見えてくるため、自分のカラーを確立していく時期といってもよいです。自分のカラーが確立してくる一方で、責任ある立場の役割を果たさねばという気持ちの強さから、それが思い通りにいかないと、苦しくなってしまうこともあります。生真面目で一生懸命な先生ほど、自身の理想と現実のギャップに対するやるせない思いを抱くようです。このようにヒューマンサービス職の燃え尽き症候群（バーンアウト）は近年の社会問題であり、休職・離職の要因の一つとなっています。その場合、その苦しさを抱え込むことなく同僚や上司、家族に伝える勇気が必要でしょう。

　また、長年勤務していると結婚や出産を経験する保育者もいます。法律上、1年間の育児休業（以下「育休」）は取得できます[1]。一部の民間園または公立園勤務の場合であれば、1人の子どもにつき、最高で3年間の育休が取得できます。そうすると、1人目の育休3年間のうちに2人目を妊娠すると育休期間が延びていくことになります。実際に、3人のお子さんを続けて出産し、8年間の育休を取得され、職場復帰された先生もいます。たとえば、4年生大学を卒業し、22歳で公立園に就職、26歳で結婚、29歳で第一子出産→31歳で第二子出産→33歳で第三子出産をした場合、36歳で職場復帰をしたら、29歳から36歳まで保育現場から離れてはいるけれど、職場復帰をしたら主任保育士として対象となりそうな年齢になっていることもあるのです。

　現在、筆者は、主任保育士研修等の講師をすることがあります。その時に、「乳児クラスを経験しないまま主任になってしまったけれど、どう若い先生を指導すればよいか悩みます」とか、反対に、「未満児の担任が多く、4・5歳児の担任経験があまりなくて…」等といったことを耳にします。

　つまり、経験年数が積み重ねられることと、保育者としてのキャリアは必ずしも比例するとは限らないということです。裏を返せば、経験年数が少なくとも、自信を持って保育を楽しんで実践している先生方もたくさんいらっしゃいます。このことについて、次項で触れていきましょう。

[1]　育児休業
2017年3月に改正育児・介護休業法が公布され、同年10月1日施行となっています。改正により、子どもが1歳6か月に達した時点で、保育所に入れない等の場合に、育児休業期間を最長2歳まで延長できるようになりました。

2──実践力や悩みの質の変容にみるキャリア

　筆者は、これまで様々な保育現場で現職教育の講師をさせていただいています。そこで、先生方の保育実践力の高さを感じる時ももちろん多々ありますが、様々な悩みに触れることも少なくありません。それは、前項に示した経験年数に関係なく、実践力も悩みも「質」の違いとして存在しています。

　筆者は、保育者が集団保育において保育実践を行う際、保育の環境を成立させている人、物、場の関係性に着目した悩みを「葛藤」とし、その質的段階を3段階に分けました（図8－1）。課題に挙げてある共通言語の詳細については、第4章を参照してください。

　これらの悩みは、完全に解決されるものではなく、質が変容し、それぞれの段階を行きつ戻りつ往復運動するものです。経験年数に関係なく、それぞれの段階の課題がわかれば、保育実践の「葛藤」は質が変容し、保育状況が見えるようになり、「次はこうしてみよう！」という気持ちがワクワクと湧いてくるのです。

■「葛藤」の無自覚段階の質の変容例

　「何が問題かがわからないけれど、遊びが落ち着かない…」

　環境を変えてみよう：無目的に浮遊している子ども達が、拠点性を高め、物・場を整えることで主体的に遊びに取り組む姿が見られるようになります。

　つまり、経験を積むという漠然としたものではなく、集団保育における子どもの主体性を育む原理・原則を学び、自身の実践に落とし込むことで、保育実践力＝「葛藤」に質の向上は可能なのです。保育実践力や「葛藤」の質の向上のために、自己の実践を振り返り、自身の課題を知ることはとても重要です。次項で、保育者の自己評価について見ていきましょう。

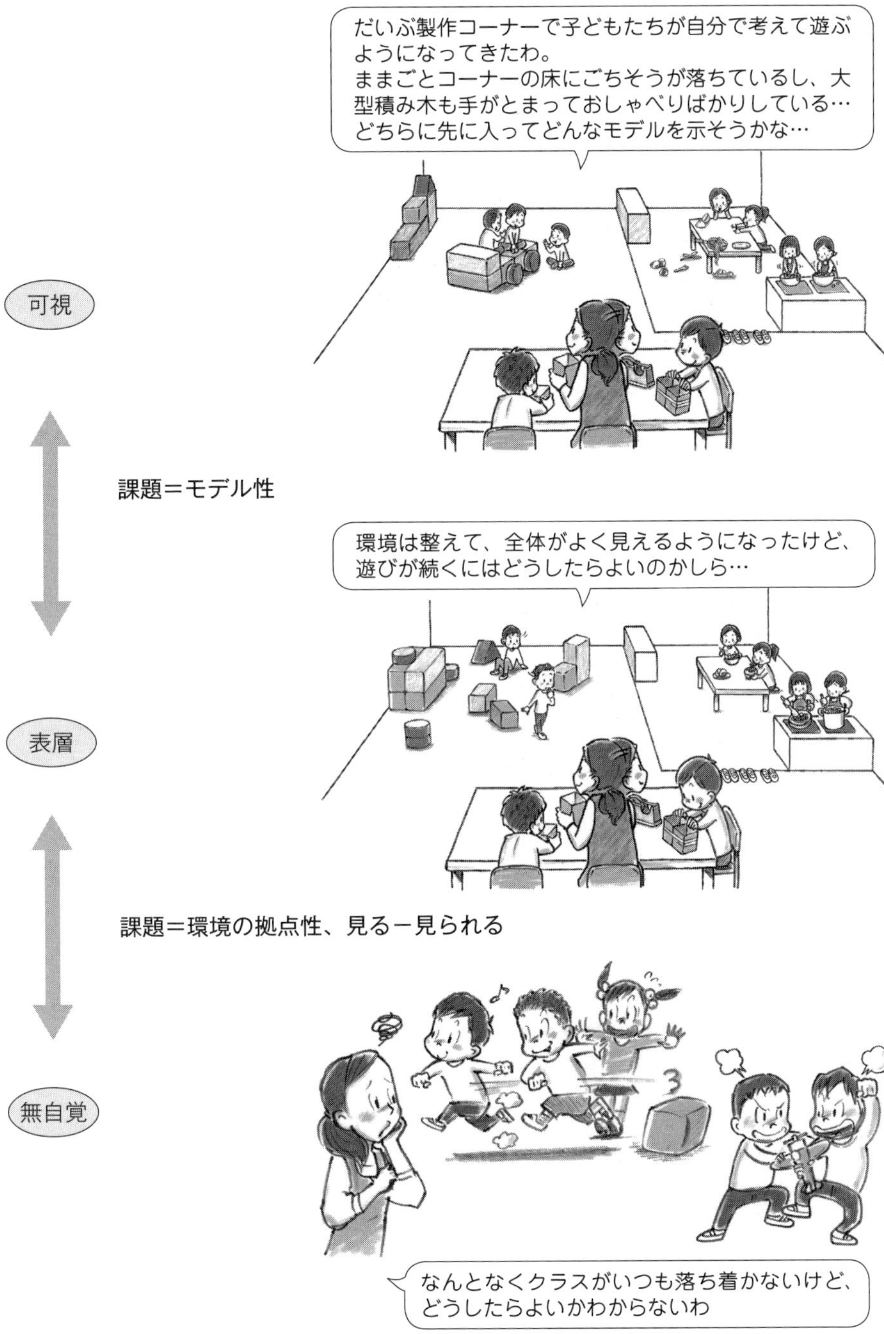

可視

だいぶ製作コーナーで子どもたちが自分で考えて遊ぶようになってきたわ。
ままごとコーナーの床にごちそうが落ちているし、大型積み木も手がとまっておしゃべりばかりしている…
どちらに先に入ってどんなモデルを示そうかな…

課題＝モデル性

表層

環境は整えて、全体がよく見えるようになったけど、遊びが続くにはどうしたらよいのかしら…

課題＝環境の拠点性、見る－見られる

無自覚

なんとなくクラスがいつも落ち着かないけど、どうしたらよいかわからないわ

図8－1　「葛藤」の3段階

出典：渡辺桜『子どもも保育者も楽しくなる保育―保育者の「葛藤」の主体的な変容を目指して―』萌文書林　2016年　p.12を一部改変

3──保育者の自己評価

　新保育所保育指針、幼稚園教育要領、そして幼保連携型認定こども園教育・保育要領ともに、保育者の自己評価については、自身の保育実践を振り返り、子ども理解を深めるためのものであると明記されています。また、園内の保育集団と共に、保育の計画や記録等を通してその評価の妥当性や信頼性を高める重要性についても触れられています。これは、第4章ならびに本章でも触れたように、園内の研修等で保育の原理原則を再確認し、園内の共通言語を見出していく過程とも言えるでしょう。

　たとえば、ある園において、子ども達が主体的に、人、物、場に関わろうとすることを保育の目標としているとします。たとえばその視点で、ままごとコーナーで遊ぶ子ども達の姿を通して保育者が自己評価するとすれば、ままごとコーナーという場が、子ども達にとって魅力的で思わず遊びたくなる場になっているか、そのままごとコーナーにある物（ボールやおたま、お椀やごちそう等）は、大きな動きや豊かな見立てができるものであるか、その物を楽し気に扱う人のモデルはあるか等が、評価項目として挙げられます。このままごとコーナーの実践の振り返りは一部に過ぎませんが、様々な保育場面において、担任一人だけではなく、園内の職員で共通言語（人、物、場等）を用いて、よりよい実践につなげていく方向性を模索するためのスタートとして自己評価は欠かせないのです。

第2節　保育者の研修

1　研修の方法

1──講演会

　講演会は、2時間前後で決められたテーマに基づき、講師が講話をするものです。基本的には、参加者はその講話を聞き、最後に質疑応答で質問をする機会を得られることもありますが、100名以上の参加者がいる中で、自身の疑問や理解を深めたいことをたずねるということは、難しいでしょう。また、講師と参加者の間に応答性を持たせ難いという点で、参加者である保育者が明日から自身の保育に具体的にどう生かすかは、いかにその講演内容を

自身で咀嚼し、自身の実践に反映するかにかかってくると言えます。講演会を受けて、漠然と「勉強になった」ということで終わらせないようにするためには、講演会で得た知識や情報、理論を他の保育者との対話等によって、自身の実践につなげていく努力も必要となります。

2 ── 講演会＋ディスカッション→発表

大きな研修大会等であると、講師に与えられた時間が半日や一日である場合には、講話の内容をベースとして参加者が研修テーマに添ってディスカッションを行ったのち、その内容を発表するというスタイルを取ることもあります。講話で自身が得た知識や理論を参加者とすり合わせ、意見交換をすることで、理解を深め、具体的に今後の自身の保育にどう反映できるかが模索しやすくなります。このディスカッション時にも、関連する共通言語を意識的に用いることで、話し合いの方向性が絞りやすくなり、内容を深められますよ。

3 ── ロールプレイ

実際の保育室や園庭、ホールで、保育者が子ども役や保育者役になって演じてみることをロールプレイといいます。一般的な保育事例についての、記録やビデオ、書籍での検討との違いは、身体感覚によって保育実践を体感し振り返ることができるという点です。園内の保育者のみで実施する場合は、人数が限られますが、公開保育研修や、園内研修に他園の保育者が参加する場合であれば、実際のクラスの人数でロールプレイをしてみると物の数や量、場の大きさ等を検討しやすくなります。たとえば、4歳児20名のクラスであれば、20名の保育者役と1名または2名（加配保育者がいる場合等）の保育者役も参加者が行います。そうすることで、担任保育者が自身の保育室環境を客観的に捉えることができるのです。また、参加者にその保育環境で遊んでみた感想や気づきを出してもらうことで、日ごろ、担任保育者が工夫しているところを認めてもらったり、困っていることに対するヒントをもらったりできるのです。

もちろん担任自身が実際に遊びの仲間として、共同作業者として子どもと一緒に人、物、場に関わることは大切です。その延長上に保育者同士のロールプレイがあると考えるとよいでしょう。

2 園内研修（OJT）

1 ── 自身の実践を基にした研修

❶研究保育

　実習においても、研究保育の日の詳しい指導案を作成し、自身の実践を担任の先生や園長先生等に見ていただき、その後、反省会をしたという学生さんがいるかと思います。これは、実習生だけではなく、保育現場の保育者も行っています。それは、どれだけ経験を積んだ保育者であっても、よりよい保育実践を展開するために行うのです。

❷ビデオ撮影・視聴

　実践を振り返るための材料として、保育実践をビデオで撮影し、それを園内の保育者で視聴し、保育を客観的に分析する方法です。これは、客観的に保育実践を繰り返し見られるので、実践を成立させている人、物、場の関係性が丁寧に読み解きやすくなります。

　しかしその反面、人間の視野よりも狭い範囲で切り取った情報になるため、撮影者はビデオカメラのズームを引いたり寄せたりしてその状況を成立させている情報がまんべんなく収められるように努めなくてはなりません。また、遊び状況が安定していないと、ビデオカメラの存在に気持ちが向いてしまう子どもが多くなる傾向があるので、様々な状況を見ながら、活用する必要があるでしょう。

❸記録検討

　それぞれの保育者が自身の印象に残ったエピソードを記録するエピソード記述▶2が広く一般的に保育現場で活用されています。ここで注意したいのは、繰り返し本章で伝えているように、保育の環境は、人、物、場の相互関連で成立するとすれば、振り返り記録もその人、物、場の関係性がわかる情報が網羅された記録である必要があります。つまり、場がどのように構成されていて、空間の距離はどれくらいなのか、そこにある物の数や大きさ、高さはどうなのか、保育者や子ども達はどこでどのように人、物、場に関わっているのかという情報が十分にあって、初めて保育者が印象に残ったエピソードを成立させている要因かもしれない事実が出そろうことになるので

▶2　エピソード記述
鯨岡が推奨している記録方法です。子ども個々に寄り添うことを目的として、保育者が印象に残ったエピソードを書き、実践を振り返るための材料としています。ただし、保育実践の根本的な課題解決には、保育を成立させている人、物、場の関係性も重要であるため、環境図等と併せてのエピソード記述の活用が有効です。

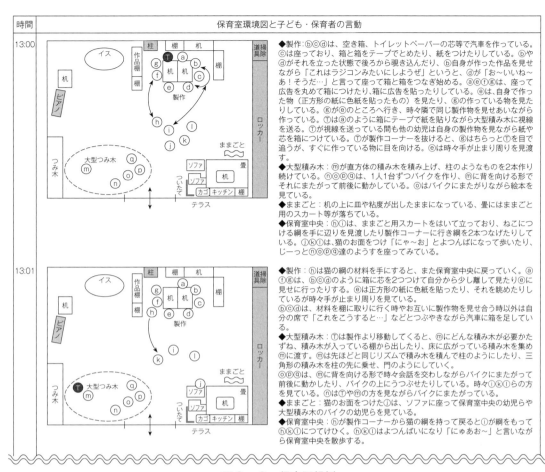

図8-2　保育記録例

出典：小川博久監修　吉田龍宏・渡辺桜『子どもも保育者も笑顔になる！　遊び保育のための実践ワーク～保育の実践と園内研究の手がかり～』萌文書林　2014年　p.112を一部抜粋

す。

　記録検討の必要条件としては、その場を構成している全体状況がわかる環境図、人の位置、動線等に、人、物、場の関係性がわかる説明を添えることが望ましいと言えるでしょう。これは、実習の記録にも通じます。

2 ── 保育に関する技術や知識を習得するための研修

1 保育技術

　わらべうたや描画活動、リズム体操や外遊びなどの保育技術のレパートリーを増やし、即、自身の実践に活かすことを目的とする研修です。ただし、これらの保育技術の中にも、保育の原理原則はあり、その原理原則を合わせ

第8章　保育者の成長　143

て理解することで、応用が利きます。たとえば、わらべうたやリズム体操等であれば、リズムの共有や子ども同士、保育者と子どもの共鳴を目的としています。その身体の心地よい響き合いに着目した岩田は、歌やわらべうた、手遊びによって、子ども同士の横のつながりができれば、子ども達の中に、クラスへの居心地の良さつまり居場所感覚が芽生えるとしています。つまり、そういったクラス内の響き合いが弱く、居場所感覚に乏しい場合に、逸脱児が出現しやすいということです。保育者の都合で逸脱児は「気になる子」と命名されがちですが、響き合いを生起させる役割は、保育者にあるとすれば、保育技術の習得であっても、単にレパートリーを増やすための研修ではなく、保育の原理原則を前提に置きながら理解を深めたいものです。

❷保育知識

理論や制度、障害児の障害特性等、主に知識を習得するための研修です。ただし、その研修方法としては、先に触れたように、講演会や講演会＋グループディスカッション、講演会＋ロールプレイなど様々な研修スタイルがあるので、より保育に関する知識が絵に描いた餅ではなく、自身の実践や園の実践を豊かにする選択肢となるよう様々な研修方法を取り入れることが重要でしょう。

3 外部研修（Off-JT）

1──自身の実践を基にした研修

キャリアアップ研修とは、「ニッポン一億総活躍プラン」（平成28年6月2日閣議決定）において、キャリアアップの仕組みを構築し、保育士としての技能・経験を積んだ職員について、追加的な処遇改善を行うことを目的としたものです。具体的な研修の分野及び内容は、表8－2の通りです。

2──その他の園外の研修

それぞれの自治体や都道府県において、現職保育者に対する様々な研修が企画・実施されています。ここでは、愛知県現任保育士研修運営協議会が愛知県からの委託を受けて実施している現任保育士研修についてご紹介します。愛知県現任保育士研修運営協議会は、2001（平成13）年の県立保育大学

表8－2　保育士等キャリアアップ研修の分野及び内容

研修分野	ねらい	内容
①乳児保育 （主に0歳から3歳未満児向けの保育内容）	・乳児保育に関する理解を深め、適切な環境を構成し、個々の子どもの発達の状態に応じた保育を行う力を養い、他の保育士等に乳児保育に関する適切な助言及び指導ができるよう、実践的な能力を身に付ける。	・乳児保育の意義 ・乳児保育の環境 ・乳児への適切な関わり ・乳児の発達に応じた保育内容 ・乳児保育の指導計画、記録及び評価
②幼児教育 （主に3歳以上児向けの保育内容）	・幼児教育に関する理解を深め、適切な環境を構成し、個々の子どもの発達の状態に応じた幼児教育を行う力を養い、他の保育士等に幼児教育に関する適切な助言及び指導ができるよう、実践的な能力を身に付ける。	・幼児教育の意義 ・幼児教育の環境 ・幼児の発達に応じた保育内容 ・幼児教育の指導計画、記録及び評価 ・小学校との接続
③障害児保育	・障害児保育に関する理解を深め、適切な障害児保育を計画し、個々の子どもの発達の状態に応じた障害児保育を行う力を養い、他の保育士等に障害児保育に関する適切な助言及び指導ができるよう、実践的な能力を身に付ける。	・障害の理解 ・障害児保育の環境 ・障害児の発達の援助 ・家庭及び関係機関との連携 ・障害児保育の指導計画、記録及び評価
④食育・アレルギー対応	・食育に関する理解を深め、適切に食育計画の作成と活用ができる力を養う。 ・アレルギー対応に関する理解を深め、適切にアレルギー対応を行うことができる力を養う。 ・他の保育士等に食育・アレルギー対応に関する適切な助言及び指導ができるよう、実践的な能力を身に付ける。	・栄養に関する基礎知識 ・食育計画の作成と活用 ・アレルギー疾患の理解 ・保育所における食事の提供ガイドライン ・保育所におけるアレルギー対応ガイドライン
⑤保健衛生・安全対策	・保健衛生に関する理解を深め、適切に保健計画の作成と活用ができる力を養う。 ・安全対策に関する理解を深め、適切な対策を講じることができる力を養う。 ・他の保育士等に保健衛生・安全対策に関する適切な助言及び指導ができるよう、実践的な能力を身に付ける。	・保健計画の作成と活用 ・事故防止及び健康安全管理 ・保育所における感染症対策ガイドライン ・保育の場において血液を介して感染する病気を防止するためのガイドライン ・教育・保育施設等における事故防止及び事故発生時の対応のためのガイドライン
⑥保護者支援・子育て支援	・保護者支援・子育て支援に関する理解を深め、適切な支援を行うことができる力を養い、他の保育士等に保護者支援・子育て支援に関する適切な助言及び指導ができるよう、実践的な能力を身に付ける。	・保護者支援・子育て支援の意義 ・保護者に対する相談援助 ・地域における子育て支援 ・虐待予防 ・関係機関との連携、地域資源の活用

出典：厚生労働省「保育所保育指針の改定について」（中央説明会資料）2017年　p.59

校の閉校に伴い同行が担ってきた「現任保育士研修」事業を継続させるため、同年に愛知県下保育士養成校が協働し発足しました。現任保育士研修は、平成29年度現在、中堅前期（おおよそ5年目前後）・中堅後期（おおよそ7年目以上）の「職務経験別」研修、主任・園長などの「職務別」研修と、乳児保育・障害児保育等の「課題別専門」研修から成り立ちます。

　キャリアアップ研修、幼稚園教諭免許更新研修も同じ年度に重複する可能性もあります。研修を受けっぱなしにならないよう、自園への研修内容伝達を必ずしていきたいものです。

3——公開保育研修

　公開保育研修は、附属幼稚園や自治体主催の研修が主となります。原則的には、附属幼稚園の場合は、その園が所在する都道府県内の保育者が、自治体の場合は、その自治体内の保育者が参加対象となります。公開するクラスは、園内全クラスの場合と、特定のクラスの場合とあります。その差異は、研修テーマや目的によって異なってくるでしょう。たとえば、参加者の経験年数別研修で新任の先生が参加者となる場合、担当公開園のクラスは、ベテランの先生の一つのクラスにすることで、午後からのディスカッションの視点をしぼりやすくすることがあります。また自治体内で順に公開担当園が回ってくる場合も、観察クラスをしぼることが多いです。

　しかし、筆者が公開保育研修の講師をする際には、全クラスを観察してもらいます。その後、筆者が撮影した全クラスの保育映像を視聴しながら、担任の先生に保育状況の解説をお願いします。その際、担当の先生には、参加者から意見を集いたい事項を挙げていただきます。それは、保育に完成形はなく、どのクラスの先生方にも思いと迷いはあるため、それを参加者と共有することにより、参加者だけでなく、公開園の先生方にも得るものがある研修にしたいからです。もしも公開保育研修を受ける立場になったとしても、「他園の先生方から様々なことが吸収できるチャンス」と前向きにとらえてくださいね。

4——多自治体・他園との交流研修

　全国大会研修や学会主催の公開保育研修等ですと、他自治体や他園との交流研修は可能です。しかし、同じテーマで研修をしているということがわかっていれば、自治体内の公開保育研修や園内研修であっても、是非、自治体や

法人の垣根を超えて交流していただきたいと思います。様々な価値に触れることは、自身の実践を新たな視点で見直すチャンスにもなります。子どもの幸せを願う保育者同士が刺激し合い、素晴らしい化学反応を起こすことを期待しています。

4 園内研修と外部研修とのつながり

　園内研修では、園の保育目標やその年度のテーマに添った研修を計画的に行っています。そこに、外部研修が時々入ってくるという形になります。ただし、園内研修と外部研修はそれぞれを独立させるのではなく、それぞれで得たことをつなげていってこそ有効なものです。

　たとえば、園内研修で環境をテーマに研修を継続しているとします。その過程で、外部の研修において、乳児保育の保育室環境について学んできた保育者がいたとすれば、それは、乳児担当の保育者のみでなく、環境の考え方などで幼児にも共通する原理原則については、積極的に園内で共有するよう努めるのです。そうすることによって、外部の研修に出席した保育者は、自身が学んできたことをしっかり咀嚼して他の保育者にわかりやすく伝えたり、一般化しようとしたりして努力をするでしょう。

　こういった園内研修と外部研修の往復運動をどの保育者もすることで、園全体の共通言語が増え、成長していくことによって、個々の保育者の日々の保育実践の豊かさを保障するのです。

◆引用文献
1）厚生労働省『中央説明会資料』「（参考）キャリアパスを見据えた保育士等の研修機会の体系化について」　2017年7月
2）渡辺桜『子どもも保育者も楽しくなる保育―保育者の「葛藤」の主体的な変容を目指して―』萌文書林　2016年　p.112

◆参考文献
文部科学省『幼稚園教育要領』2017年3月告示
厚生労働省『保育所保育指針』2017年3月告示
小川博久『遊び保育論』萌文書林　2010年
久保真人『バーンアウト（燃え尽き症候群）―ヒューマンサービス職のストレス―』日本労働研究雑誌　労働政策研究・研修機構　558　2007年
小川博久監修、吉田龍宏・渡辺桜『遊び保育のための実践ワーク～保育の実践と園内研究の手がかり～』萌文書林　2014年

学びを深めるために7

実際に筆者が講師を務めた公開保育研修で、担任保育者から出た保育の悩みについて、グループディスカッションと発表をしてみましょう(第4、5章で学んだことも参考にしましょう)。

Case 3歳児 15名:5月 朝の会の場面

手遊びやお話をする際、いつも3〜5名の子どもたちが、落ち着かない…。

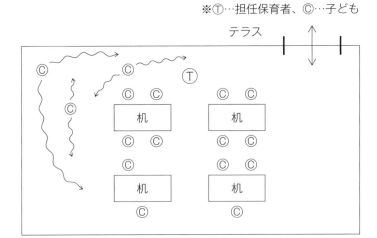

保育室の環境図

Work1 保育者と子どもたちの応答性・同調性を高める環境についてディスカッションし、環境を再構成してみましょう。

【ヒント】保育者の位置は? 机は必要?

Work2 保育者と子どもの応答性・同調性を高める手遊びやわらべうたについてディスカッションしてみましょう。

Work3 Work1、2について発表し、実践してみましょう。

第 9 章

これからの
保育者の課題

　本章では、保育者という職業を「専門職」(profession) として位置づけ、これからの保育者の課題について検討することを目的としています。
　まず「保育・幼児教育と小学校教育との連携」に関する課題として、子どもの「遊びと学びの重要性」を再認識します。次に「多文化時代の保育」の課題について、外国籍の子どもへの対応を「共生」という視点から検討します。最後に「子どものいるところどこへでも」というテーマで、保育者が活躍できる"場"について考えてみたいと思います。

第1節　専門職としての保育者

　本章の議論を始めるにあたり、まず保育者という仕事の性格あるいは社会における位置づけを確認しておく必要があると思います。保育者という仕事をどのようにとらえるかという点については、従来から議論されてきました。本章では、保育者という仕事を「専門職」(profession)と位置づけることからスタートしたいと思います。私たちのまわりには、さまざまな職業がありますが、その中で専門職とは一体どのような特徴をもち、他の職業とのように区別できるのかという点について説明していきましょう。

　ミラーソン(G. Millerson)[1]は、専門職(profession)について21人の学者が主張した論述の中から6つの要件を抽出しました。
①理論的知識にもとづいた技能を有すること（体系的理論）
②常に訓練と教育を必要とすること（訓練）
③試験等一定の方法により資格があたえられること（権威）
④倫理規程等により専門職の規律が保たれていること（倫理）
⑤社会的・公共的な目的の達成を目指していること（奉仕的方向づけ）
⑥組織づけられていること（団体）

　保育者という仕事は、上記の①〜⑥の要件を満たすことから、専門職の1つとして位置づけることができると思います。上記の6要件を完全に兼ね備えた保育者をめざし追求することが専門職としての真の姿であると思いますが、実際にはなかなか上記6要件を満たすことはできないのではないでしょうか。

　そうすると、保育者という職業が専門職であると明確に位置づけるためには、保育者の「専門職化」、すなわち6要件を兼ね備えた専門職になるためのプロセスが重要であることがわかります。このプロセスには、①保育者が専門職としての地位を獲得しているかという点を問題にする「専門職性」と、②保育者が子どもに対して保育を行う場合、どのように専門的知識や技術を用いるかということを問題にする「専門性」という2点に分けられ、前者は保育者の「地位」に、後者は保育者の「役割」ないし「実践」に関わる問題として考えられています[2]。本章では、保育者が専門職として専門職化していくために、保育者の専門性、つまり保育者はどのような役割を果たせばよいのか、あるいは実践の場で子どもにどのように対応していけばよいのかという点について検討していきたいと思います。

　近年、経済社会の変化はますます激しくなってきています。保育者を取り

巻く諸環境は、10年、20年前と大きく異なり、保育者に対する社会のニーズも大きく変化してきていることは明らかです。保育者が、専門職の1つとして社会的責任を果たすためには、今後の課題は何かということをしっかりと認識することから始めなければなりません。以下では、多くの課題の中から3点を取り上げて考えていきたいと思います。

第2節　保育・幼児教育と小学校教育との連携

1　社会の変化と子どもの育ち

　少子化、核家族化、情報化、グローバル化など、近年、子どもを取り巻く社会的環境が急速に変化してきています。環境の変化は、子どもたちにも大きな影響を及ぼしていることが指摘されてきました。その中で、子どもに対する家庭教育の質も低下してきている、あるいはしっかりとした「しつけ」がなされていないなどについては、マスコミにも取り上げられてきました。たとえば、2005（平成17）年に中央教育審議会が発表した「子どもを取り巻く環境の変化を踏まえた今後の幼児教育の在り方について（答申）」の概要によると、①基本的な生活習慣などのしつけが欠如し、食生活がみだれている、②自制心や規範意識が希薄化している、③コミュニケーション能力が不足している、④運動能力が低下している、⑤学びに対する意欲や関心が低下している、⑥小学校生活に適応できないなどの課題が挙げられています。とりわけ、⑤と⑥の指摘は、それまでの園生活との違いに戸惑いを感じ、子どもが小学校へ入学した際に、なかなかなじむことができないなどの問題、すなわち「小1プロブレム」[※1]が、社会問題となりました。

[※1]　小1プロブレム
小学校に就学した1年生が、授業中に立ち歩きや私語、自己中心的な行動をとる児童によって、学級全体の授業が成り立たない現象のことです。かつては、学級崩壊の一種として考えられていましたが、小1プロブレムの場合は、集団がいまだ形成されていないので、学級崩壊とは異なるものとしてとらえられるようになりました。

多くの幼稚園や保育所などでは、このような問題を未然に防ぐための取り組みがなされ、小学校との連携・協力が模索されるようになりました。

2 法令の改正と教育の連携

1 ── 教育基本法及び学校教育法の改正と幼児教育

社会の変化とそれにともなう子どもの育ちの変化を1つの背景として、2006（平成18）年12月に教育基本法、2007（平成19）年6月に学校教育法が改正されました。

まず、59年ぶりに改正された教育基本法では、第11条に「幼児期の教育」が新設され、はじめて幼児教育が教育基本法の中に明確に位置づけられました。「幼児期の教育は、生涯にわたる人格形成の基礎を培う重要なものであることにかんがみ、国及び地方公共団体は、幼児の健やかな成長に資する良好な環境の整備その他適当な方法によって、その振興に努めなければならない」と定められ、生涯にわたる子どもの人格形成の基礎を培うための教育の連携が求められています。

また、教育基本法の改正にともない、学校教育法も改正され、第1条（学校の範囲）において「この法律で、学校とは、幼稚園、小学校、中学校、高等学校、中等教育学校、特別支援学校、大学及び高等専門学校とする」と定められ、幼稚園が学校教育の最初の段階として明確に位置づけられ、その重要性が明示されました。幼稚園は幼児期にふさわしい教育を行い、義務教育以降の教育の基礎を培うとともに、さらには、生涯発達の基礎となるような教育を行うことが求められるようになったのです。

2 ──「幼稚園教育要領」「保育所保育指針」「幼保連携型認定こども園教育・保育要領」の改訂（改定）と小学校教育との接続

前述した2つの法律を受けて、2008（平成20）年に幼稚園教育要領（以下、「教育要領」）が改訂となり、同時期に保育所保育指針（以下、「保育指針」）が改定になりました。さらに2015（平成27年）に「子ども・子育て支援新制度」が実施され、新たに幼保連携型認定こども園が設置されるとともに、幼保連携型認定こども園教育・保育要領（以下、「教育・保育要領」）が告示されました。この新制度の実施により、幼稚園、保育所及び認定こども園が併

存する状況となりました。幼児教育を行う施設の受け皿が拡大された点を評価する声もありますが、一方で、各施設における保育や教育の中身が異なる点や小学校教育との接続が十分になされていない点などが指摘されてきました。そこで、2017（平成29年）に、幼稚園、保育所、認定こども園を含めた幼児教育施設全体の質の向上を図ることや小学校教育との接続をより密接なものとするために、教育要領の改訂、保育指針の改定、教育・保育要領の改訂が同時に行われました。

1 幼児教育を行う施設として共通する事項

今回の改訂及び改定では、幼児教育において育みたい資質・能力として「３つの柱」[2]が示されました。この「３つの柱」は、小学校以降の教育との関連性を意識して整理されたものです。また、幼児期の終わりまでに育ってほしい姿として「10の姿」[3]が明記されました。これは、従来の５領域を具体的な姿として表したもので、この２つの事項は、教育要領、保育指針、教育・保育要領に共通して記載されています。「３つの柱」と「10の姿」が明記されたことは、幼稚園、保育所及び認定こども園における保育や教育の中身が異なるためその画一化や均質化を目的にしたのではなく、あくまでも幼児教育の総仕上げとしての望ましい姿として示されたものです。子どもの発達や学びの連続性、発達過程を重視した教育・保育を充実させること、そして、幼児期の子どもの育ちや学びを小学校以降の教育に円滑に引き継いでもらうもの、としているのです[3)]。

2 保育・幼児教育と小学校教育との円滑な接続について

また、小学校との連携については、教育要領、保育指針及び教育・保育要領において、表現は異なりますが次のように示されています。教育要領では、「幼稚園においては、幼稚園教育が、小学校以降の生活や学習の基盤の育成につながることに配慮し、幼児期にふさわしい教育生活を通して、創造的な思考や主体的な生活態度などの基礎を培うようにするものとする」（第１章総則第３－５(1)）という点、また、「幼稚園教育において育まれた資質・能力を踏まえ、小学校教育が円滑に行われるよう、小学校の教師との意見交換や合同研究の機会などを設け、「幼児期の終わりまでに育ってほしい姿」を共有するなど連携を図り、幼稚園教育と小学校教育との円滑な接続を図るよう努めるものとする。」（第１章第３－５(2)）という点が示されています。上記の２点は、保育指針（第２章４(2)）及び教育・保育要領（第１章第２－１(5)）においても同様の内容が示されています。

→2 ３つの柱
①知識及び技能の基礎、②思考力、判断力、表現力等の基礎、③学びに向かう力、人間性等。

→3 10の姿
①健康な心と体、②自立心、③協同性、④道徳性・規範意識の芽生え、⑤社会生活との関わり、⑥思考力の芽生え、⑦自然との関わり・生命尊重、⑧数量や図形、標識や文字などへの関心・感覚、⑨言葉による伝え合い、⑩豊かな感性と表現。

3 連携のための情報共有の必要性

　さらに保育指針では、「子どもに関する情報共有に関して、保育所に入所している子どもの育ちを支えるための資料が保育所から小学校へ送付されるようにすること」（第2章4(2)ウ）とし、保育所と小学校との連携を緊密にする手段の1つとして、子どもに関する情報共有の必要性が示されています。教育要領及び教育・保育要領では保育所保育指針のように明示されていませんが、小学校との情報共有は図られています。幼稚園、保育所及び幼保連携型認定こども園から小学校へ送付される資料は、「幼稚園幼児指導要録」「保育所児童保育要録」及び「幼保連携型認定こども園園児指導要録」であり、就学前の子どもの育ちと小学校以降の子どもの育ちを支えるための連携が図られます。

3　教育の接続のあり方と連携への取り組み

1 ── 幼児期に育てる「学びの芽生え」

　小1プロブレムの原因はさまざまありますが、保育者が考えておきたい点として、①幼稚園や保育所、認定こども園で「自由遊び」の意味を正しく理解していないことから、「放任」や「ただ遊ばせているだけの教育」を行っている、②小学校との接続を考えたときに準備教育として、「英語遊び」「文字遊び」「計算遊び」と称した早期教育や長時間座っているための訓練のようなことを幼児期の教育と勘違いし、本来、幼児期に必要な生活や遊びからの「学び」のチャンスを失わせてしまっているという現状があります。

　それでは、本来、幼児期の子どもたちに必要な、小学校につなげる「幼小接続」[4]のための幼児教育とはどのようなことなのかを考えてみたいと思います。文部科学省「幼小接続会議」[5]で出されている報告書（2010（平成22）年11月）で使われている言葉「学びの芽生え」について見ていきましょう。幼小接続会議の座長である無藤隆は、幼児教育は小学校の「準備」ではなく「土台」であるとし、「幼小接続を考えるうえで重要なのが、子どもの学びをどのように展開していくかを理解することです。幼小の双方の関係者が「幼児期の『学びの芽生え』から、小学校低学年の『自覚的な学び』へ」というつながりを十分に踏まえた援助や指導を心がける必要があります」と述べています[4)]。幼児期の子どもにとっての「学びの芽生え」は、「遊び」

→4　幼小接続
ここでは、幼稚園と小学校の接続のみでなく、保育所・幼稚園・認定こども園が行う幼児期の教育と小学校教育の接続のことを表しています。

→5　幼小接続会議
本会議の正式名称は、文部科学省による「幼児期の教育と小学校教育の円滑な接続の在り方に関する調査研究協力会議」です。子ども子育て新システム検討会議作業グループ子ども指針（仮称）ワーキングチームの会議として、2010（平成22）年3月より会議が開かれました。

から発展していきます。子ども自身が、自分にとって楽しい遊びを見つけたとき、遊びに集中し、没頭します。「もっと知りたい」「どうしたらいいの？」など、探究心が芽生えます。さらに、遊びの中で試行錯誤することにより、子ども自身が見通しを立てて遊びを展開していきます。このように遊びが充実することが幼児教育の「学びの芽生え」となり、小学校教育の「自覚的な学び」へとつながると無藤は述べ、「学びの芽生え」に対する次の3つのポイントを挙げています[5]。

①興味のつながり：いろいろなものに興味をもち、面白さを感じること
②自己調整する力：集中したり、根気強く取り組んだり、工夫したり、見通しをもったりする力
③気づき：遊びの中で発見をして、それを周囲に伝えること

　このように「学び」の基礎は、子どもたちが過ごす保育で行われる「遊び」（生活も含む）の中でしか経験できません。また、「学び」につながるような「遊び」は、単に子どもの興味だけで発展するわけではありません。常に子どもの遊びを援助する保育者の役割が重要となります。

2──「学びの芽生え」を促す保育者の援助と小学校との連携

　教育要領、保育指針、及び教育・保育要領では、子ども一人一人の発達過程に応じて見通しを立てて、発達の課題に即した援助を行うことが求められています。

　子どもたちの遊びは、個々の興味から始まったものや、保育者が環境を整えたものに興味を抱き始めること、保育者が子どもの遊びと遊びをつなげることなどによって長期的に発展していきます。そのために保育者は、子ども一人一人の発達や生活の状態を把握していなければなりません。子どもの「なぜ？」や「不思議？」「これなに？」「どうなるの？」などの疑問や好奇心はやがて、「もっと知りたい」という探究心となり、自分で自発的に環境と関わる中で、「なるほど」「わかった」に変わっていきます。その際、保育者は子ども同士の話し合い、つまり「主体的」「対話的」な深い「学び」に必要な、アクティブ・ラーニングの視点をもつことが重要となります。このような保育者の援助がやがて小学校に移行する子どもの「自覚的な学び」を支えるとともに、幼児期の終わりまでに育ってほしい姿（10の姿）が引き継がれるようにすることが重要な役割であり、まさに保育者の専門職としての専門性に関わるものです。

　小学校との連携の取り組みは各地でさまざまな形で行われています。たと

えば東京都品川区では、月に1回程度、園児が同じ小学校に継続して通い、小学校の教室で過ごし、環境になじむ体験をする「スクール・ステイ」を行っています[6]。また、東京都日野市などでは、年長5歳児と小学5年生との「5・5交流」の試みを行っています[7]。幼稚園、小学校へ交代で訪問し、遊びや給食を通じて交流を深めるなどの連携に向けた取り組みなども行われています。

　上記のような取り組みとともに、小学校との連携には、保育者（幼稚園教諭、保育士、保育教諭）と小学校教諭がお互いに交流をもつことで、子どもの生活や保育と教育における「遊び」と「学び」の理解が促進されることになります。そこでは、情報の共有や相互理解として、お互いの保育や教育の内容を知ること、その方法を学び合うことが重要なのです。また、子どもの様子を通して発達や学びの連続性について小学校教諭と議論することや、研修を行うことなど積極的な連携を図ることも専門職である保育者に求められている重要な課題です。

第3節　多文化時代の保育

1　子どもの多国籍化、多文化化

　1980（昭和55）年以降、円高やバブル経済の影響により、わが国で働く外国人が急増したと言われています。1989（平成元）年12月に「出入国管理及び難民認定法」の改正が成立し、1990（平成2）年6月に施行され、日系移民の子孫に定住者としての在籍資格が与えられたことにより、ブラジルやペルーなど南米出身の日系人の入国が増加しました。それまで、日本に住む外国籍住民の多くは、第二次世界大戦前後から日本に移住する韓国・北朝鮮出

身者やその子孫が7割を占めていました。1980年代後半以降、中国、ブラジル、フィリピン、ペルー出身の「新しい日本人」「ニューカマー」（new-comer）→6と呼ばれる外国籍住民の数が増加したことにより、外国籍の子どもの数も増えました[8]。

　社会福祉法人日本保育協会が公表した「保育の国際化に関する調査研究報告書—平成20年度—」[9]によると、2008（平成20）年における全国の保育所総数2万2,900か所（公立1万1,319か所、私立1万1,581か所）のうち、外国人保育が実施されているのは、保育所総数全体の14.8％にのぼります。また、外国籍の子どもの国籍は67か国と多様化しています。外国籍の子どもの数は、保育所全体で1万1,551人、国別では第1位ブラジル（4,322人）、2位中国・台湾・マカオ（2,091人）、3位ペルー（1,207人）であり、上位3か国で外国籍の子ども全体の過半数を占めています。さらに、外国籍の子ども→7の問題は多国籍化とともに、言語的・文化的背景が多様な子どもが増加（多文化化）していることも指摘されています[10]。このように、わが国の保育現場では、保育者が外国籍の子どもや日本と異なる言語的・文化的背景をもつ子どもに「どのような保育を実践すべきか」ということが問われる時代になっています。

> →6　ニューカマー
> 1980年代後半以降に来日し、定住した外国人を示します。特に在日韓国人にあっては、第二次世界大戦前後に日本国民として徴用あるいは経済難民として来日した在日韓国人・朝鮮人と区別する概念でもあります。

> →7　前述の日本保育協会の調査研究報告書では、「外国籍の子どもたち、もしくは外国につながりをもつ子ども達（日本人だが、帰化などで日本国籍を取得したり、両親のうちいずれかが外国人の子ども）」（2009年p.71）という表現を用いています。本章では紙幅の都合から、両者を総称して「外国籍の子ども」という用語を使用しています。

2　保育所保育指針と多文化共生の保育

　改定された保育所保育指針では、第2章保育内容、3歳以上児の保育に関するねらい及び内容の「環境(ウ)④」において、「文化や伝統に親しむ際には、正月や節句など我が国の伝統的な行事、国歌、唱歌、わらべうたや我が国の伝統的な遊びに親しんだり、異なる文化に触れる活動に親しんだりすることを通して、社会とのつながりの意識や国際理解の意識の芽生えなどが養われ

るようにすること」と示され、我が国の伝統・文化に親しみ理解を深めると同時に異文化に触れることを通して、子どもがより広い視野をもち社会や国際的なつながりの意識をもてるよう環境を整えることが求められているものと理解できます。

　また、第2章保育内容の「4　保育の実施に関して留意すべき事項(1)オ」において、「子どもの国籍や文化の違いを認め、互いに尊重する心を育てるようにすること」とされ、外国籍や異文化の中で育った子どもとの関わりにより、違いを認めながら互いの理解を深めていくことは、子どもの心の成長にとって貴重な経験になると思われます。しかし、現実の問題として、保育者は外国籍の子どもが入園してきた場合、どのように対応すればよいのでしょうか。

　前述した日本保育協会の調査研究報告書を手掛かりに、いくつかの問題点を示してみましょう。同調査研究報告書では、外国籍の子どもを保育する際の問題点や課題として、45の地方自治体（各都道府県、指定都市、中核都市の保育主管課）からのアンケート調査結果から以下の点を挙げています[11]。

①小さな日々の意思疎通から大切な書類のやり取りまでうまくいかない根本的な問題
②他の子どもたちと同じようにいかないために子どもの成長への影響などの心配
③食習慣や文化の違いからの困難、コミュニケーションがうまくとれないことからトラブルの解決や緊急時への不安
④通訳や保育士の不足

　アンケートの調査結果から、保育所における問題は、主に、子どもや保護者とコミュニケーションが取れないことと、食習慣・生活習慣の違いに戸惑い、文化を理解するまでに至っていないという問題に集約できるのではないでしょうか。この問題は、例えば、お迎えのバスの時間が変更になった、明日は行事があるからお弁当は不要、昨夜子どもが高熱を出した、イスラム教徒なので豚肉は食べられない、保育所からのお知らせを理解できない、緊急の場合に外国人の親と話ができない等であって、多くの場合、コミュニケーションが図れないことに起因します。

　保育者は、一人一人の子どもの状態や家庭環境に配慮し、それぞれの国の文化や伝統を尊重しながら適切に援助すること、日本の子どもと外国籍の子どもがともに過ごし楽しめるように環境を整えること等々が求められています。保育者がこのような役割を果たすために、今後何が課題になるのか考えておく必要があると思います。それは、①保育者養成機関において養成段階

から多文化保育や外国籍の子どもへの保育について学ぶ機会を増やすこと、②保育者養成機関、外国籍の子どもを保育している保育施設及びその地域の行政機関が連携して情報共有を図ることではないでしょうか。

　異なる文化をもつ子どもや保護者との関わりを深めていくことは、子どもだけでなく保育者にとっても貴重な経験となり、「多文化共生の保育」を子どもや保護者とともに実践していくことが望まれます。

3　「多文化共生」の実現と保育者の役割

　「多文化共生の保育」を実践するために保育者に求められることとは、一体何なのでしょうか。第1に、多文化を理解するためには、自国の歴史・文化・伝統に対する正しい認識と理解が求められるという点です。保育者は、「保育」という領域の専門職であり、知識及び経験という点で専門性をもつわけですが、その専門性を支える一般的な教養として自国の歴史・文化などの理解が求められ、そのための教育が必要となります。

　第2に、保育者は、前述した外国籍の子どもの理解に努めるとともに、それぞれの国の歴史、文化、宗教などに関する理解を深める必要があります。つまり、相手をよく知るということです。それは、国や宗教が異なる外国籍の子どもと日本人の子どもとの相違点を保育者が正しく認識し、異なる文化を受け入れ、それを保育に活かしていくことが求められるからです。

　以上のことから、外国籍の子どもを受け入れた園の保育者は、子どもや保護者に強制的に日本の文化になじむように仕向けるのではなく、まず、受け入れた子どもの国の文化を学ぶと同時に、自国の文化を相手の立場から客観的に見る、お互いの文化を受け入れ、歩み寄り、協働していく姿勢が大切なのではないでしょうか。保育者は、言葉の違い、思考様式の違い、食生活・食文化の違い、生活習慣の違いなどお互いの文化を受け入れるための努力を継続し、「共生」の理念を実現していくことが求められているのです[12]。

第4節　子どものいるところどこへでも

　本節で述べる「子どものいるところどこへでも」は、保育者をめざす皆さんに、一般的に考えられている保育とは少し路線が異なる、あまり目を向けられていない領域について考えいただくことが目的です。ここで取り上げる

テーマは、専門職としての保育者の活躍が期待される"場"です。保育者が活躍できる新たな場は、保育者自身が実務経験を積み重ね、専門知識を磨くことが求められる場であることは間違いありません。

そこで、本節では、子ども・子育て支援新制度における地域子ども・子育て支援事業に位置づけられた、「放課後児童クラブ」と「病児保育事業」の2つの"場"を取り上げ、保育者として「子どもの安全を守り健全な育成を図る」という立場から、保育者の役割や課題を検討していきたいと思います。

1 放課後児童クラブにおける保育者の役割

放課後児童クラブ（学童保育）は、正式には「放課後児童健全育成事業」と呼ばれ、児童福祉法第6条の3第2項の規定に基づき、保護者が労働等により昼間家庭にいない児童に対し、授業の終了後に児童厚生施設等の施設を利用して適切な遊びや生活の場を提供し、その健全な育成を図ることを目的としています。

放課後児童クラブは、働く保護者の切なる願いによる運動が長年続けられてきた結果、その必要性が社会で認識されるようになりました。1998（平成10）年4月、放課後児童クラブは、児童健全育成事業として児童福祉法に規定され社会福祉事業とされました。その後、放課後児童クラブは、2015（平成27）年4月から施行された子ども・子育て支援新制度における「地域子ども・子育て支援事業」の中の1つの支援事業として位置づけられました。厚生労働省は、この支援事業が全国的に一定の質が確保されるよう「放課後児童健全育成事業の設備及び運営に関する基準」（省令基準）を策定し、各市町村はこの基準にしたがって放課後児童クラブを運営することになり、制度上大きく前進することになったのです。

放課後児童クラブの運営は、各地域における多様性を踏まえるとともに、放課後児童クラブで子どもに保障すべき遊びや生活環境に関する運営内容を明確化し、さらに事業の安定性や継続性の確保を図る必要があります。そこで、厚生労働省は、具体的な内容を定めた「放課後児童クラブ運営指針」（運営指針）を公表しました。

子ども子育て支援新制度の導入に際し、放課後児童クラブの指導員に対する専門資格「放課後児童支援員」が新しく創設され、また放課後児童クラブの対象児童が6年生までに引き上げられ、量的な整備にも力が入れられました[8]。

→8 子どもが小学校に入学すると仕事と子育ての両立が困難になる「小1の壁」の打破と、小学校4年生になると放課後児童クラブの対処を求められる「小4の壁」の解消の観点から整備を進めました。

放課後児童クラブの現状は、2016（平成28）年5月1日現在、全国で2万7,638か所設置され、登録されている児童数は107万6,571人です。その運営は、公立公営によるものが9,902か所（全体の35.8％）、民間（社会福祉法人、父母会、運営委員会、NPO法人等）によるものが1万7,736か所（全体の64.2％）で、民間による運営が増加傾向にあると指摘されています。また、運営されている場所は、主に学校施設内（54.7％）、児童館内（12.2％）、学童保育専用施設（6.8％）、その他公的施設（7.9％）などです[13]。

　しかし、全国1,741の市町村のうち123自治体には放課後児童クラブがなく、さらに放課後児童クラブのある自治体のなかでも、3,340の小学校区には放課後児童クラブが実施されていないのが現状です。放課後児童クラブが実施されない主な理由は、①指導員等の人材確保が困難（64％）、②実施場所の確保が困難（47％）、③予算の確保が困難（41％）です[14]。このように、各自治体が放課後児童クラブを安定的かつ継続的に実施できるようにするためには、指導員等の人材育成が大きな課題であると指摘できます。

　現在、省令基準では、各放課後児童クラブに「放課後児童支援員」という資格をもった指導員を2名以上配置することが基本と定められています。この資格を取得するには、保育士や社会福祉士、教諭となる資格を有するなど、省令基準に記された9項目のいずれかに該当する者で、都道府県知事が行う一定の認定資格研修を受講・修了する必要があります。2014（平成26）年の調査では全国で約8万人の放課後児童支援員等の有資格者がいて、その構成は保育士・幼稚園教諭（29.8％）、幼稚園以外の教諭（20.4％）、児童福祉経験あり（23.7％）、その他（3.0％）、資格なし（23.0％）となっています[15]。

　「放課後児童支援員」は、1年生から6年生までの子どもの心理や発達の理解と援助に関する知識を習得し、子どもの気持ちや意識・感情の変化などを見極め、適切にかかわることが求められるのです[16]。したがって、省令基準および運営指針では、指導員には固有の知識や職務内容が求められるとして、現任研修、自己研鑽の必要性が示されています。

　このように、放課後児童クラブで働く指導員は、就学前の保育同様、一人一人の発達課題を考えながら、子どもの安全を守り、遊びや生活環境を整え、支援する大切な役割を担っています。今後は、保育時間、開設日数、障害児の受け入れなどさらなる受け入れ環境を整備するとともに、指導員の待遇や労働条件の改善などを含めて、運営予算の確保や運営方法を改善し、安定的かつ継続的に放課後児童クラブが運営されることが望まれます。

　放課後児童クラブは、まだまだ不足しているのが現状です。保育者をめざす皆さんは、放課後児童クラブにも目を向け、将来「放課後児童支援員」と

いう資格を取得し、専門性を深めることで、保育者として活躍する"場"をさらに広げていただきたいと思います。

2　病児保育事業における保育者の役割

1——病児保育事業の概要

　本項では、子ども・子育て支援新制度における病児保育事業における保育者の役割について見ていきます。病児保育事業は、一般的に、保育施設と医療現場との連携を図りながら行う保育を意味します。たとえば、両親がともに働いていて、子どもが急に病気になった時、仕事を休めないなどさまざまな理由で子どもの看護ができない場合があります。そこで、子どもが通う保育所や病院などに付設された専用のスペース等で、保育士や看護師等が病気・体調不良や病後回復期の子どもを預かり保育を実施します。この保育形態は、両親が共働きであることが一般化している現代社会では、子どもの安全確保や子育て環境の整備という点からきわめて重要な役割を果たしています。

　病児保育事業は、従来の保育対策促進事業と同様、①病児対応型、②病後児対応型、③体調不良時対応型、④非施設型（訪問型）の4つに区分されています[17]。

1 病児対応型

　児童が「病気の回復期に至らない場合」、かつ当面の症状の急変が認められない場合において、その児童を病院・診療所、保育所等に付設された専用スペース又は本事業のための専用施設で一時的に保育する事業です。対象児童は、集団保育が困難であり、かつ保護者の勤務の都合により家庭で保育を行うことが困難な児童で、市町村が必要と認めた乳児・幼児または小学校に

就学している児童です。病児対応型は、病院や診療所に保育室が併設されている場合が多く、医師や看護師がすぐに対応できる体制が求められています。

❷病後児対応型

児童が病気の「回復期」であり、かつ、集団保育が困難な期間において、その児童を病院・診療所、保育所等に付設された専用スペース又は本事業のための専用施設で一時的に保育する事業です。対象児童は、集団保育が困難であり、かつ保護者の勤務の都合により家庭で保育を行うことが困難な児童で、市町村が必要と認めた乳児・幼児又は小学校に就学している児童です。病後児対応型は、主として、医師は常駐していないものの、かかりつけ医との連携を図り、看護師等が保育所に勤務し病後児保育を実施しています。

❸体調不良対応型

児童が保育中に微熱を出すなど体調不良となった場合において、安心かつ安全な体制を確保することで、保育所における緊急的な対応を図る事業及び保育所に通所する児童に対して保健的な対応等を図る事業です。対象児童は、事業実施保育所等に通所していて、保育中に微熱を出すなど体調不良となった児童であり、保護者が迎えに来るまでの間、緊急的な対応を必要とする児童です。

❹非施設型（訪問型）

地域の病児・病後児について、看護士等が保護者の自宅へ訪問し、一時的に保育する事業です。対象児童は、上記①及び②と同じ内容になっています。

2── 病児保育事業の現状と保育者の役割

2013（平成25）年、首都圏で未就学児をもつフルタイム・ワーキングマザーを対象とした保育所サービスに関するアンケート調査[18]が行われました。保育所利用者のうち37％は「普段から子どものお迎えや病気に際して（夫以外に）頼れる人はいない）と回答し、保育所利用者の63％が「現在の保育所に対して追加で実施を希望するサービス」として病児保育を回答し、最も要望の高い保育サービスとして示されました。このようなことを背景として、病児・病後児保育は、2015（平成27）年より、子ども子育て支援新制度において地域子育て支援事業（13事業）の1つ、「病児保育事業」として支援の充実が図られるよう整備されてきました。

このアンケート調査では、病児・病後児保育の実態が次のように示されています。病児・病後児保育利用児童は、3歳児未満の児童が全体の61％を占め、病児対応型は医療機関併設が多く（84％）、病後児対応型は保育所併設が多い（70％）ことが示されています。また、病児対応型・病後児対応型ともに4人定員が最も多く、各施設における常勤換算保育士1人あたりの児童数の中央値は、病児対応型においては保育士1人あたり児童2.0人、病後児対応型においては保育士1人あたり3.0人と示されています。病児保育支援事業は、その実施施設が全国に2,226か所、延べ利用者数は61万人[19]と多く、児童の健康・福祉向上に欠かすことのできない制度になっています。

　病児保育にたずさわる保育者は、専門職として捉えられていますので、子どもに対する一般的な保育知識の他に、感染症予防など医療に関する基礎知識や対処方法などの専門知識を身につけることが求められています。一例ですが、一般社団法人全国病児保育協議会は、2013（平成25）年より病児・病後児保育にたずさわる保育士・看護師に対する専門的な研修制度を確立し、一定水準に達した場合、認定病児保育専門士という認定資格を与えています。2016（平成28）年7月25日時点で、147名の保育士・看護師が認定病児保育専門士として登録されています[20]。

　このように、病児保育は、保育者にとって、専門職としての役割が大きく期待される分野です。したがって、保育者を目指す皆さんは、保育者として保育現場で多くの経験を積みながら、自分自身を活かせる専門領域（たとえば、ここでいう病児保育）としての"場"を見つけて自己研鑽に励んでいただきたいと思います。

◆引用・参考文献
1） Millerson,G.(1964) The Qualifying Associations: A Study in Professionalization, London.
2） 今津孝次郎『変動社会の教師教育』名古屋大学出版会　1996年　p.43
3） 「ニッポンの幼児教育はどう変わるか？　座談会　新しい子ども観のもと、幼児教育はどこに向かうのか」『これからの幼児教育　2017』ベネッセ教育総合研究所　pp.2－3
4） Benesse® 次世代育成研究所「これからの幼児教育を考える　2011春号」ベネッセコーポレーション　2011年　p.3
5） 同上書　pp.3－4
6） 朝日新聞東京版朝刊　2010年10月31日
7） 東京新聞朝刊　2011年2月11日
8） 山田千明編『多文化に生きる子どもたち――乳幼児期からの異文化間教育』明石書店　2006年　p.16
9） 日本保育協会「保育の国際化に関する調査研究報告書―平成20年度―」2009年
10） 前掲書8）　pp.20－27
11） 前掲書9）　p.11

12) 山本尚史「保育者養成における多文化保育についての一考察〜長崎市における保育者の研修と行政の取り組みに着目して〜」『長崎女子短期大学紀要』第40号　2015年　pp.48－53
13) 全国保育団体連絡会・保育研究所編『保育白書 2017年版』ひとなる書房　2017年　pp.121－122
14) 厚生労働省「放課後子どもプランの実施状況について」2008年
15) 全国保育団体連絡会・保育研究所編『保育白書 2016年版』ひとなる書房　2016年　p.258
16) 同上書　p.141
17) 前掲書13)　p.114
18) 病児・病後児保育の実態把握と質向上に関する研究班「全国病児・病後児保育施設アンケート調査結果をふまえた病児・病後児保育事業に関する提言（案）」（平成25年度厚生労働省科学研究費補助金）2014年　p.2
19) 前掲書12)　p.112
20) 一般社団法人全国病児保育協議会ホームページ
　　http://www.byoujihoiku.net/

学びを深めるために 8

日本の保育施設では、外国籍の子どもが年々増加傾向にあることが指摘されています。今後、保育者を目指す皆さんは、肌や髪の毛の色など容姿が違う、日本語が上手に話せないので友だちとうまくかかわれない、文化や宗教、基本的な生活習慣の違いが理解できていないことや、言葉の壁から保護者（外国籍）と良好なコミュニケーションが図れない等々、保育者としてどのような対応をすべきか、という点を学ぶことが必要です。

Case　4歳児クラスで起きたこと

4歳児クラスのまこと君は、初めて出会う外国籍のサモアちゃんに対して「サモアちゃんは、髪の毛がチリチリで色が黒いし、言っていることがよくわからないから遊んであげない！」といいました。

事例を読んで、外国籍の子どもを受け入れた際の子ども同士の関係に着目し、保育者はどのような役割を果たすことがもとめられるか、という点からグループ・ディスカッションを行い、その結果を発表し、クラスで検討してみましょう。

Work 1　生活習慣や食習慣が異なる異文化の下で育ち、日本語が上手く話せない外国籍の子どもを受け入れた場合、受け入れ先の園では、どのような問題が生じると思いますか。以下の4つの視点から、想定される問題点を挙げてみましょう。

①子ども同士　②保育者と子どもたち　③保育者と保護者　④保育者同士

Work 2　上記4つの視点から想定した外国籍の子どもを受け入れる場合の問題に対して、保育者としてどのように対応することが求められると思いますか。以下の3点を考えてまとめてみましょう。

①子ども同士の関係　②保護者とのコミュニケーションや異文化理解の方法
③園全体での共有の仕方

Work 3　Work 1、2について、グループ・リーダーが内容を整理し、発表し、クラス全体で検討してみましょう。

さくいん

あ行

アージリス（C. Argyris）・・・・・・・・・41
ICT・・・・・・・・・・・・・・・・・・・・・79
アクティブ・ラーニング・・・・・・・・155
預かり保育・・・・・・・・・・・・・・・・115
安全点検・・・・・・・・・・・・・・・・・100
安梅勅江・・・・・・・・・・・・・・・・・42
一時預かり事業・・・・・・・・・・・・・119
岩田遵子・・・・・・・・・・・・・・・・・57
インクルーシブ保育・・・・・・・・・・・86
インクルージョン・・・・・・・・・・・・86
インターネット・・・・・・・・・・・・・121
運営・・・・・・・・・・・・・・・・・・・・92
栄養教諭・・・・・・・・・・・・・・・・・93
栄養士・・・・・・・・・・・・・・・・・・94
ADHD　→　注意欠如・多動症
SLD　→　局限性学習症
エピソード記述・・・・・・・・・・・・・142
園だより・・・・・・・・・・・・・・・・・121
園長・・・・・・・・・・・・・・・・93、94
園庭解放・・・・・・・・・・・・・・・・・119
園内研修・・・・・・・・・・・・・・・・・142
園務・・・・・・・・・・・・・・・・95、103
園務分掌・・・・・・・・・・・・・・・・・95
OJT　→　園内研修
小川博久・・・・・・・・・・・・・・・・・57
Off-JT　→　外部研修
親子保育体験・・・・・・・・・・・・・・119

か行

外部研修・・・・・・・・・・・・・・・・・144
学童保育　→　放課後児童健全育成事業
柏女霊峰・・・・・・・・・・・・・・・・・44
学級事務・・・・・・・・・・・・・・・・・103

学校教育法・・・・・・・30、93、110、115、152
学校保健安全法・・・・・・・・・・・・・99
カッツ（R. L. Katz）・・・・・・・・・・38
葛藤・・・・・・・・・・・・・・・・・・・138
家庭的保育支援者・・・・・・・・・117、127
家庭的保育事業・・・・・・・・・・・117、126
環境・・・・・・・・・・・・・・・・・・・133
環境構成・・・・・・・・・・・・・・・・・60
看護師・・・・・・・・・・・・・・・・・・94
管理・・・・・・・・・・・・・・・・・・・92
気になる子ども・・・・・・・・・・・・・79
気働き・・・・・・・・・・・・・・・・・・16
虐待防止・・・・・・・・・・・・・・・・・123
キャリア・・・・・・・・・・・・・・・・・135
キャリアアップ研修・・・・・・・・・・・144
教育基本法・・・・・・・・・・・・・・・152
教育職員免許法・・・・・・・・・・・30、110
教育の接続・・・・・・・・・・・・・・・153
協働・・・・・・・・・・・・・・・・42、122
共同作業者・・・・・・・・・・・・・・・132
教諭・・・・・・・・・・・・・・・・・・・93
局限性学習症・・・・・・・・・・・・・・74
拠点性・・・・・・・・・・・・・・・・・・60
記録検討・・・・・・・・・・・・・・・・・142
苦情処理・・・・・・・・・・・・・・・・・121
クラスだより・・・・・・・・・・・・・・121
研究保育・・・・・・・・・・・・・・・・・142
健康診断・・・・・・・・・・・・・・・・・100
研修・・・・・・・・・・・・・・・・・・・140
行為の中の省察・・・・・・・・・・・・・36
講演会・・・・・・・・・・・・・・・・・・140
公開保育研修・・・・・・・・・・・・・・146
公的保育施設・・・・・・・・・・・・・・54
交流研修・・・・・・・・・・・・・・・・・146
個人実施型保育・・・・・・・・・・・・・126

子育て支援……………………113、118
　言葉がけ………………………………63
　言葉づかい……………………………19
　子ども・子育て支援新制度……116、152
　子どもの最善の利益………………26、44
　子どもの貧困率………………………84
　子どもを守る地域ネットワーク
　　　→　要保護児童対策地域協議会
　個別の支援計画……………………123
　コンセプチュアル・スキル…………38
　こんにちは赤ちゃん事業
　　　→　乳児家庭全戸訪問事業

さ行

　災害への備え………………………102
　自己管理………………………………22
　自己評価………………………46、140
　資質…………………………………130
　児童虐待………………………………83
　児童福祉施設の設備及び運営に関する基
　　準…………………………30、93、99
　児童福祉法……26、108、115、116、160
　自閉スペクトラム症…………………74
　事務管理……………………………103
　就学前の子どもに関する教育、保育等の
　　総合的な提供の推進に関する法律…31
　集団保育………………………54、130
　就労規則………………………………97
　主任保育士……………………………94
　小1プロブレム………………124、151
　小規模保育事業………………117、126
　省察的実践者…………………………36
　少子化………………………………108
　情報公開……………………………121
　ショーン（D. A. Schon）……………36
　職員会議………………………………96
　人事管理………………………………92
　身体障害………………………………78
　身体的な響きあい……………………57
　信用失墜行為の禁止…………………28
　スワップ（W. Swap）………………37
　整理整頓………………………………20
　全国保育士会倫理綱領………………43
　専門職…………………………122、150

た行

　ダウン症………………………………78
　多国籍化……………………………156
　ダブル・ループ学習…………………41
　多文化化……………………………156
　多文化共生…………………………159
　地域型保育事業………………116、126
　地域子育て支援拠点事業…………118
　知的障害………………………………77
　地方公務員法…………………………96
　注意欠如・多動症………………74、76
　調理師…………………………………94
　手遊び…………………………………67
　TPO……………………………………19
　ディープスマート……………………37
　ディスカッション…………………141
　テクニカル・スキル…………………38
　同僚性…………………………………42
　登録制…………………………………28

な行

　日本語指導が必要な児童……………82
　乳児家庭全戸訪問事業……………125
　認可保育所…………………………108
　人間関係………………………………21
　認定こども園…………………………31
　ノーマライゼーション………………86

は行

　ハーグリーブズ（A. Hargreaves）……42
　発達障害………………………………74

PDCAサイクル……………………39
ビデオ（記録）…………………142
秘密保持義務……………………28
ヒューマン・スキル……………39
病児保育事業……………………162
副園長…………………………93、94
服務………………………………96
服務規程…………………………96
物的環境…………………………98
プライバシーの保護……………45
保育技術…………………………143
保育教諭…………………………32
保育参加…………………………121
保育参観…………………………121
保育士…………………………27、94
保育士確保プラン………………11
保育者………………………10、150
保育所実施型保育………………126
保育所等訪問支援………………124
保育所保育指針………27、60、102、113、115、133、140、152、155、157
保育所保育指針解説……………18
保育ママ　→　家庭的保育事業
放課後児童クラブ
　　　　→　放課後児童健全育成事業
放課後児童健全育成事業………118、160
放課後児童支援員………………160
防犯対策…………………………101
保健師……………………………94

ま行

ミラーソン（G. Millerson）……150
見る−見られる関係……………57
無藤隆……………………………154

名称独占…………………………28
目標管理…………………………40
モデル……………………………132

や行

養育支援訪問事業………………125
養護………………………………110
養護教諭…………………………93
幼児期の終わりまでに育ってほしい姿
　…………………………………153
幼小接続…………………………154
幼稚園教育要領……31、54、115、124、132、133、140、152、155
幼稚園教諭………………………30
幼稚園施設整備指針……………98
幼稚園設置基準………………92、98
幼稚園設置基準…………………98
要保護児童対策地域協議会……123
幼保連携型認定こども園………31
幼保連携型認定こども園教育・保育要領
　……………………133、140、152、155
幼保連携型認定こども園の学級の編制、
　職員、設備及び運営に関する基準…99

ら行

リトル（J. W. Little）……………43
利用者の代弁……………………46
倫理綱領…………………………43
レナード（D. Leonard）…………37
連携………………………………123
連絡帳……………………………120
労働基準法………………………97
労務管理…………………………92
ロールプレイ……………………141

編者紹介

渡辺　桜（わたなべ　さくら）

博士（教育学）

愛知教育大学大学院教育学研究科修了（教育学修士）
聖徳大学大学院児童学研究科博士後期課程単位取得満期退学
豊田市立保育園の勤務を経て現在、名古屋学芸大学・大学院教授
愛知県内の公立園・民間園の公開・園内保育研修会の講師をはじめ、奈良市等の保育現場の現職研修に多く関わる。
主著：『子どもも保育者も楽しくなる保育〜保育者の「葛藤」の主体的な変容を目指して〜』萌文書林（単著）
　　　『子どもも保育者も笑顔になる！　遊び保育のための実践ワーク〜保育の実践と国内研究の手がかり〜』萌文書林（共著：小川博久監修　吉田龍宏）
　　　『保育カリキュラム論』建帛社（共著）
　　　「集団保育において保育課題解決に有効な国内研究のあり方―往来の保育記録と保育者の「葛藤」概念の検討をとおして―」『教育方法学研究』第39巻　日本教育方法学会
　　　ほか、保育実践、現職教育、子育て支援に関するもの多数

保育者論
― 保育職の魅力発見！―

発　行　日	2018 年 4 月 1 日　初版第 1 刷発行
	2023 年 3 月 31 日　初版第 4 刷発行

編　　　者━━渡辺　桜
発　行　者━━竹鼻　均之
発　行　所━━株式会社みらい
　　　　　　〒500-8137　岐阜市東興町40　第5澤田ビル
　　　　　　電話　058-247-1227(代)
　　　　　　FAX　058-247-1218
　　　　　　https://www.mirai-inc.jp/

印刷・製本━━サンメッセ株式会社

定価はカバーに表示してあります。
落丁・乱丁本はお取り替えいたします。
ISBN978－4－86015－435－6　C3037
Printed in Japan

シリーズ 保育と現代社会

保育と社会福祉〔第3版〕
B5判　232頁　定価2,310円(税10%)

演習・保育と相談援助〔第2版〕
B5判　208頁　定価2,200円(税10%)

保育と子ども家庭福祉
B5判　224頁　定価2,310円(税10%)

保育と子ども家庭支援論
B5判　180頁　定価2,310円(税10%)

保育と社会的養護Ⅰ
B5判　256頁　定価2,530円(税10%)

演習・保育と社会的養護実践
—社会的養護Ⅱ
B5判　228頁　定価2,310円(税10%)

演習・保育と子育て支援
B5判　208頁　定価2,420円(税10%)

演習・保育と障害のある子ども
B5判　280頁　定価2,530円(税10%)

保育と日本国憲法
B5判　200頁　定価2,200円(税10%)

保育士をめざす人の福祉シリーズ

九訂　保育士をめざす人の社会福祉
B5判　208頁　定価2,310円(税10%)

新版　保育士をめざす人のソーシャルワーク
B5判　188頁　定価2,200円(税10%)

新版　保育士をめざす人の子ども家庭福祉
B5判　204頁　定価2,310円(税10%)

新版　保育士をめざす人の社会的養護Ⅰ
B5判　176頁　定価2,310円(税10%)

新版　保育士をめざす人の社会的養護Ⅱ
B5判　168頁　定価2,310円(税10%)

新版　保育士をめざす人の子ども家庭支援
B5判　184頁　定価2,310円(税10%)

新時代の保育双書シリーズ

ともに生きる保育原理
B5判　192頁　定価2,420円(税10%)

幼児教育の原理〔第2版〕
B5判　176頁　定価2,200円(税10%)

今に生きる保育者論〔第4版〕
B5判　216頁　定価2,310円(税10%)

子どもの主体性を育む保育内容総論
B5判　208頁　定価2,310円(税10%)

保育内容　健康〔第2版〕
B5判　224頁　定価2,310円(税10%)

保育内容　人間関係〔第2版〕
B5判　200頁　定価2,310円(税10%)

保育内容　環境〔第3版〕
B5判　176頁　定価2,310円(税10%)

保育内容　ことば〔第3版〕
B5判　200頁　定価2,200円(税10%)

保育内容　表現〔第2版〕
B5判　176頁　定価2,420円(税10%)

乳児保育〔第4版〕
B5判　200頁　定価2,310円(税10%)

新・障害のある子どもの保育〔第3版〕
B5判　280頁　定価2,530円(税10%)

実践・発達心理学〔第2版〕
B5判　208頁　定価2,200円(税10%)

保育に生かす教育心理学
B5判　184頁　定価2,200円(税10%)

子どもの理解と保育・教育相談〔第2版〕
B5判　192頁　定価2,310円(税10%)

図解　新・子どもの保健
B5判　136頁　定価1,980円(税10%)

演習　子どもの保健Ⅱ〔第2版〕
B5判　228頁　定価2,420円(税10%)

新・子どもの食と栄養
B5判　236頁　定価2,530円(税10%)

 株式会社みらい　https://www.mirai-inc.jp/　〒500-8137　岐阜市東興町40番地　第五澤田ビル　TEL (058)247-1227(代)　FAX (058)247-1218